金融学季刊

Quarterly Journal of Finance

编委会名单（按姓氏拼音排序）

执行主编

刘　力／北京大学
徐信忠／中山大学
朱武祥／清华大学

主编

陈学彬／复旦大学	吴冲锋／上海交通大学
刘锡良／西南财经大学	郑振龙／厦门大学

副主编

巴曙松／国务院发展研究中心	汪昌云／中国人民大学
柴　俊／香港城市大学	王春锋／天津大学
陈守东／吉林大学	王晓芳／西安交通大学
杜化宇／台湾政治大学	魏国强／香港科技大学
贺　强／中央财经大学	巫和懋／北京大学
胡金焱／山东大学	吴　军／对外经贸大学
金雪军／浙江大学	杨胜刚／湖南大学
李心丹／南京大学	叶永刚／武汉大学
刘少波／暨南大学	曾　勇／电子科技大学
柳永明／上海财经大学	张　华／香港中文大学
陆　军／中山大学	张　荔／辽宁大学
马君潞／南开大学	张　维／天津财经学院
裴　平／南京大学	张　新／中国人民银行
史永东／东北财经大学	周春生／长江商学院
唐齐鸣／华中科技大学	朱新蓉／中南财经政法大学
万解秋／苏州大学	

编辑部

罗党论　张　燕　连玉君　柳建华

金融学季刊

2014 年 第 8 卷 第 2 期

目　　录

在忽视中重获关注：分析师关注与企业捐赠 …… 代昀昊　孔东民　(1)

地方性金融机构设立的内生条件和攀比效应
　　——基于村镇银行的空间 Probit 模型分析 ………… 郭　峰　(36)

家族企业股权外部化及其经济后果：评述与展望
　　…………………………………… 柳建华　卢　锐　黄琼宇　(57)

投资者关注度、机构持股与股票收益
　　——基于百度指数的新证据 ……… 应千伟　罗党论　孔东民　(74)

更多信息披露还是更高系统风险？
　　——公允价值会计对资本市场的双重影响研究
　　…………………………………… 谢成博　张海燕　何　平　(95)

认知局限与居民借款行为研究 ………… 高　明　林莞娟　于丹丹　(113)

首次公开发行、承销商声誉与长期业绩
　　——来自亚洲新兴市场的证据
　　…………………………………… 马　键　李捷瑜　王美今　(136)

Quarterly Journal of Finance
Vol. 8, No. 2, 2014

CONTENTS

Getting Attention from the Silence: Analyst Coverage and Corporate Donation .... Yunhao Dai Dongmin Kong (1)

Endogenous Conditions and Competitive Effect of the Establishment of Local Financial Institutions in China: An Analysis of the County Banks Using Spatial Probit Model .... Feng Guo (36)

The Externalization of Equity in Family Firm and Its Economic Consequences: Review and Prospection
.... Jianhua Liu Rui Lu Qiongyu Huang (57)

Investor Attention, Institutional Holding and Stock Return: New Empirical Evidence Based on the *Baidu* Index
.... Qianwei Ying Danglun Luo Dongmin Kong (74)

More Information Disclosure or Higher Systemic Risk? A Research on the Dual Impact of the Mark-to-market Accounting Rule on Chinese Capital Market
.... Chengbo Xie Haiyan Zhang Ping He (95)

Cognitive Limitation and Individual Lending Behavior
.... Ming Gao Wanchuan Lin Dandan Yu (113)

Initial Public Offering, Underwriter Reputation and Long-run Performance: Evidence from Asian Emerging Markets
.... Jian Ma Jieyu Li Meijin Wang (136)

在忽视中重获关注：
分析师关注与企业捐赠

代昀昊　孔东民[*]

摘　要　利用上市公司在汶川地震后的捐款数据,本文考察了无分析师关注的企业是否会利用捐赠重获关注。结果显示:(1) 捐赠能帮助企业在未来吸引分析师和媒体的关注,且这种影响作用只体现在无分析师关注的企业;(2) 在无分析师关注的企业中,捐赠能提升上市公司股票在未来的流动性、基金持股比例和持股股东户数,但该影响仅体现在较短期内;(3) 相对于有分析师关注的企业而言,有捐款行为的无分析师关注的上市公司在业绩方面提升程度更高。

关键词　分析师关注,捐款动机,投资者认知

一、引　　言

证券分析师通常在资本市场上扮演着重要的信息中介角色,其对上市公司的跟踪不仅能够提高企业相关信息的透明度(Barth and Hutton,2004;Piotroski and Roulstone,2004;徐欣和唐清泉,2010;薛祖云和王冲,2011),同时也能借由信息披露进行外部监管(Lang et al.,2004;Yu,2008)或提高投资者对企业的认知程度(Merton,1987;Easley et al.,1998),最终提高资本市场的有效性(朱红军

---

[*] 代昀昊,华中科技大学经济学院博士研究生;孔东民,华中科技大学经济学院金融系副教授,博士生导师。通信作者及地址:代昀昊,湖北省武汉市华中科技大学经济学院金融系,430074;E-mail: daiyunhao@ hust.edu.cn;电话:134-7624-1270。本文得到国家自然科学基金面上项目（批准号:71173078、71372130）和中央高校基本科研业务费（批准号:2013WO025）的资助,特致谢意。感谢匿名审稿人对本文提出的宝贵意见,当然,文责自负。

等,2007;姜超,2013)。

因此,分析师的关注对于企业的重要性可谓不言而喻。Krigman et al. (2001)发现,企业会倾向于通过更换承销商以获得更多以及更有影响力的分析师的关注。Cliff and Denis(2004)也类似地发现,上市公司会根据 IPO 后主要承销商的分析师跟踪人数来决定是否在未来的增发过程中更换承销商。

然而,以往的文献大多是从分析师关注的企业进行研究,而往往忽略了那些被分析师"忽视"的企业。如果分析师对企业有着至关重要的作用,一旦企业完全失去了分析师的关注,又会产生什么结果呢? Mola et al.(2013)的研究为这个问题提供了部分答案,他们发现,完全失去分析师跟踪的公司,虽然与同行相比并没有表现出显著下降的业绩,但是却会在买卖价差、交易额和机构持股上存在恶化,同时还会增加公司退市的概率。他们将这种结论归于分析师关注对投资者认知的影响作用。

被"忽视"的企业,即使并没有证据显示其业绩正在下降,但失去分析师关注后,由于投资者对公司缺乏认知,使得公司股票的需求下降,进而导致股价下跌,且更容易被收购或者退市,同时也会因为较低的股价而影响企业的投融资决策(Mola et al.,2013)。面对如此处境,企业必然会采取措施来重新获得关注,例如,Kirk(2011)和 Bushee and Miller(2012)分别发现,被"忽视"的企业会通过主动支付费用购买公司自身的研究报告,或是雇用投资者关系专家向分析师推销企业来帮助企业重新被分析师及投资者熟悉。

那么,我国上市公司在缺乏分析师关注的情况下,是否也会采取类似行为以重获关注呢? 汶川地震作为一个突发的外生自然事件,给我们提供了一个研究上述问题的机会。上市公司在地震后的捐款行为不仅仅体现出企业社会责任,同时也会影响到公司形象,具有广告效应(山立威等,2008),如"加多宝集团"就因于地震后捐款 1 亿元而赢得公众和舆论的普遍赞扬。而在广告密集度和行业竞争度加剧的情况下,捐款行为也更容易成为企业的战略之一(Zhang et al.,2009)。因此,利用我国上市公司在汶川地震后的捐款行为作为分析对象,本文首次在中国资本市场上考察被"忽视"的企业是否会借助捐款这一事件重新获得分析师、媒体以及投资者的关注。

总体而言,本文的结论表明:(1)捐款行为确实能够帮助上市公司在未来吸引分析师和媒体的关注,且这种影响作用只体现在完全没有分析师关注的企业当中。(2)在无分析师关注的样本中,捐款行为能够提升上市公司股票在未来的流动性、基金持股比例和持股股东户数,但该影响作用仅体现在较短期内,长期影响均不显著;相对地,在有分析师关注的样本中,捐款行为仅能提高股票未来的基金持股比例。(3)进一步考察企业的业绩发现,相对于有分析师关注的企业而言,有捐款行为的无分析师关注的上市公司在企业业绩方面提升程度更高。上述结论在经过稳健性检验之后仍然一致。

本文的贡献主要体现在以下几个方面:

首先,以往文献大多考察分析师关注对企业的影响作用,而往往忽略了那些被"忽视"的企业。本文引入分析师预测变量来对上市公司是否受到分析师关注进行分组,是由于考虑到分析师在资本市场中所发挥的信息传递这一重要媒介作用。对于获取信息渠道有限的投资者而言,分析师的关注和预测对于向广大投资者传递上市公司信息、提高上市公司的投资者认知程度有着重要意义。因此,由于完全失去分析师关注的上市公司的投资者认知程度较低,我们更期望在无分析师关注的上市公司中,发现其通过捐款事件来重新获取关注,进而提高自身的投资者认知程度的证据。同时,利用捐赠事件来获取关注的策略也表明,当上市公司缺乏关注时,会考虑采取替代性的行为或策略来重新获得关注。本文首次从无分析师关注的角度出发,考察了在此种状态下企业的行为及其经济后果,从新的角度丰富了分析师及公司金融领域的相关文献。

其次,通过利用汶川地震这个突发的外生自然事件,我们可以比较直接地将捐款行为作为企业期望获得关注所采取的措施,同时也延续了关于企业"捐款动机"的相关研究。山立威等(2008)发现,公司的捐赠行为存在提高声誉以获取广告效应的经济动机。本文与他们的区别在于:一方面,我们从投资者认知的角度出发,通过引入分析师关注对上市公司进行分组,发现捐款事件能够更显著地帮助缺乏关注的公司在未来重新获得外界关注。这一结论与山立威等(2008)所提出的"广告效应"比较类似,但与他们不同的是,我们进一步探讨了是哪一类上市公司更可能利用捐赠事件来获得关注。我们的结论显示,捐款行为确实能够帮助上市公司在未来吸引分析师和媒体的关注,但这种影响作用只体现在了完全没有分析师关注的企业当中。另一方面,本文还发现,相较于有分析师关注的公司而言,无分析师关注的公司的捐款行为可以在短期内更为显著地提升上市公司股票在未来的流动性、基金持股比例和持股股东户数。这实际上拓展了山立威等(2008)的研究,为捐赠行为给企业带来的影响提供了比较综合的证据。

此外,Mola et al. (2013)虽然指出了失去分析师关注的企业所面临的经济后果,但并没有直接考察公司在失去分析师关注后是否会采取其他行为来重获关注。本文实际上延续了他们的研究,首次在中国资本市场上考察了企业在被

"忽视"情况下的行为及其影响。一方面,企业在失去关注时,通过其他替代性的行为或策略(如捐款)来获取关注,反映出分析师对于维持和提高投资者对上市公司认知的重要意义。另一方面,已有文献发现被"忽视"企业会通过主动支付费用购买公司自身的研究报告,或是雇用投资者关系专家向分析师推销企业来帮助企业重新被分析师及投资者熟悉(Kirk,2011;Bushee and Miller,2012)。通过对捐款事件的分析,本文显示了我国上市公司在失去分析师的关注时所采取的一个替代性策略,凭借该策略能够使得上市公司重新获得外界的关注。

本文其他部分安排如下:第二部分为文献回顾,并提出研究假说;第三部分为研究设计,包括数据来源、变量定义以及模型设定;第四部分为实证结果分析和稳健性检验;最后一部分为结论。

二、文献回顾与研究假说

尽管现有文献发现,分析师对上市公司的盈利预测报告可能会受到利益冲突或投资者情绪的影响而降低预测的准确性(Lin and McNichols,1998;Michaely and Womack,1999;Gu Zhaoyang et al.,2013;伍燕然等,2012;吴超鹏等,2013)。然而,由于相对准确的预测有助于分析师未来的职业发展(Hong and Kubik,2003),因此,我们并不能完全否定分析师在企业信息披露过程中所起到的中介作用。

Barth and Hutton(2004)发现,分析师的预测修正能够提高企业应计项目[1]中关于盈利持续性的信息。Piotroski and Roulstone(2004)研究发现,分析师能提高股价中的行业信息含量。Derrien and Kecskés(2013)利用券商倒闭和合并而导致上市公司受到分析师关注人数变化的外生冲击事件,发现跟踪上市公司的分析师人数的减少将会提高公司的信息不透明度,进而影响企业的投融资决策。国内研究方面,薛祖云和王冲(2011)发现,我国证券分析师在资本市场上,同时扮演了信息竞争和信息补充两种角色,即在盈余公告前更倾向于披露年报中尚未披露的信息,而在盈余公告后倾向于解读年报中的信息并对其进行补充。徐欣和唐清泉(2010)认为,分析师的跟踪能够为企业的研发活动提供信息,且有利于资本市场对企业研发活动价值的认同。同时,朱红军等(2007)和姜超(2013)均发现,我国证券分析师能够增加股票价格的公司特质信息含量,

---

[1] 应计项目是指企业在生产经营和利润分配过程中已经计提而尚未以货币支付的各项目。而在实证研究上,通常以净利润减去经营现金流量来进行衡量(杨德明等,2007)。

提高资本市场的效率。总体而言,分析师关注确实能够在一定程度上提高企业信息的披露程度。

同时,证券分析师在企业与投资者之间所起到的信息中介的作用对企业也会产生其他影响。一方面,分析师关注能够通过外部监督而降低代理成本。Lang et al.(2004)利用27个国家的数据进行研究发现,分析师在跟踪企业的过程中扮演了公司治理的角色,当企业自身或所处地区治理环境较差时,分析师关注的概率会增加。Yu(2008)同样也发现,有更多分析师跟踪的企业会更少地操纵企业的盈余。

另一方面,分析师关注能够帮助上市公司被投资者熟悉(Merton,1987)。Easley et al.(1998)认为,当分析师披露预测公告时,能够在投资者注意力有限的情况下吸引到投资者对企业的关注。而这种投资者的认知最终也会影响到公司股票的流动性(Irvine,2003)以及股票价格(Jegadeesh et al.,2004;Loh and Stulz,2011;Kelly and Ljungqvist,2011)。

综上所述,证券分析师在对上市公司的关注过程中,确实能够起到信息媒介的作用,并进而影响到公司的治理行为与投资者认知[1]。那么,如果企业完全失去了分析师关注又会产生什么后果呢?Mola et al.(2013)对这个问题进行了研究,他们发现,完全失去分析师跟踪的公司,虽然与同行相比并没有表现出显著下降的业绩,但是却会在买卖价差、交易额和机构持股上存在恶化,同时还会增加公司退市的概率。他们认为这种结论与投资者认知假说(Investor Recognition Hypothesis)是一致的。

因此,一旦公司完全失去了分析师的关注,为了避免企业在信息透明度上或投资者熟悉程度上的降低,企业必然会采取一定的行为来吸引投资者的关注。Kirk(2011)发现,没有分析师关注的公司会主动通过支付费用获得公司自身的研究报告,并且在获得研究报告之后,公司的机构持股比例、卖方分析师关注以及股票的流动性均有所提高。Bushee and Miller(2012)发现,缺少分析师

---

[1] 尽管Chan and Hameed(2006)认为,分析师的关注更多的是增加宏观层面的信息,但是需要指出的是,在他们所使用的样本中,关于中国的样本仅有258个,且样本期间处于1993年到1999年。同时,近年来,国内关于分析师的研究发现,我国证券分析师能够增加A股股价中公司特质信息含量,使其包含更多公司基本面的信息(朱红杰等,2007;姜超,2013)。因此,我们认为还是有一定的证据表明分析师在公司信息披露上的影响作用。另外,Mola et al.(2013)认为分析师的关注能帮助投资者对公司有更多的了解,进而会影响到投资者的交易行为。这种对投资者认知程度的影响也是建立在分析师对公司信息披露的影响上,例如分析师通过发布公司的业绩预测报告,从而让阅读报告的投资者有更多的机会认识或熟悉上市公司。因此,总体而言,从分析师对公司层面信息的影响到分析师关注对投资者认知程度的影响,这两者之间是存在内在联系的。感谢审稿人指出的问题。

关注的公司会通过雇用投资者关系专家来向分析师们推销企业,并且这种行为能够帮助企业吸引更多的投资者。而重新获得关注也会给企业带来利益,例如,Demiroglu and Ryngaert(2010)通过研究至少一年没有被分析师关注的所谓"被忽视的"股票,发现这些股票在未来首次被分析师关注时具有较高的异常收益率。

那么,我国资本市场上被分析师"忽视"的上市公司,是否也会采取行为以重获关注呢？汶川地震作为一个突发的外生自然事件,给我们提供了一个研究上述问题的机会。山立威等(2008)通过对汶川地震后我国 A 股上市公司的捐款数据进行分析,发现公司的捐赠行为存在提高声誉以获取广告效用的经济动机。Zhang et al. (2010)也认为,公司的捐赠行为属于公司战略的一部分,同样利用汶川地震的捐款数据,他们发现,广告密集度和行业竞争度会显著影响企业的捐款行为。因此,对于被"忽视"的企业而言,通过捐款这一行为可以帮助企业在短期内迅速被媒体报道,从而提高被分析师和媒体关注的概率。

据此,我们从分析师和媒体关注两个方面提出假说 1：

假说 1a　无分析师关注的上市公司,在捐款后会在未来获得分析师的关注。

假说 1b　无分析师关注的上市公司,在捐款后会在未来获得更多的媒体关注。

Merton(1987)认为分析师的关注能够提高投资者对公司的认知程度,从而增加股票的流动性和股东户数。Mola et al. (2013)也分别从流动性、机构持有等几个方面考察了缺乏分析师关注的企业受到的影响。因此,被"忽视"的上市公司在重新获得外界关注后,能够进一步地披露企业自身的信息,降低信息不对称程度,提高投资者的认知程度,进而影响到投资者在资本市场上的交易行为。而另一方面,山立威等(2008)和 Zhang et al. (2010)指出,企业捐款可能被作为战略投资的一部分。因此,企业捐款作为一个事件,也会在一定程度上起到声誉或广告效应,使公司获得投资者的关注,从而影响投资者的行为。与 Mola et al. (2013)考察的角度相似,我们拟从股票流动性、机构投资者和个人投资者三个方面提出假说 2：

假说 2a　无分析师关注的上市公司,在捐款后会提高未来公司股票的流动性。

假说 2b　无分析师关注的上市公司,在捐款后会提高未来公司的基金持股比例。

假说2c 无分析师关注的上市公司,在捐款后会提高未来公司的持股股东户数。

三、研究设计

(一) 数据来源

本文的研究样本主要为2008年在我国沪深两市上市的非金融类公司。对于汶川地震后上市公司是否进行捐款,参考徐莉萍等(2011)和Zhang et al. (2010),一方面通过新浪网公开的上市公司地震捐款汇总情况进行判断[1];另一方面,考虑到新浪网的统计口径可能较为狭窄,我们还手工搜集了上市公司在2008年5月至2008年7月的公告披露情况[2],以判断上市公司是否有捐款行为。我们将两个来源的样本进行汇总,以尽量减少捐款样本被遗漏的可能。同时,需要指出的是,由于新浪网及上市公司公告相对公开,从而保证了分析师、媒体以及投资者对上市公司捐款信息的可获得性。

此外,本文所使用的上市公司基本信息数据、股票市场交易数据、财务数据、上市公司股东数据以及分析师关注数据均来自CSMAR数据库。基金持股比例数据来自RESSET数据库。媒体关注度数据则是基于CNKI《中国重要报纸全文数据库》,采用手工搜集和整理的方式获得。该数据库收录了自2000年以来中国国内重要报纸刊载的学术性、资料性文献,并进行连续动态更新,涵盖国内公开发行的700多种重要报纸。该数据库同时具有较高的权威性和代表性,其包括中国证监会指定上市公司信息披露的法定披露报纸《中国证券报》、《上海证券报》和《证券时报》等权威性(财经)报刊。我们按照上市公司的常用简称对数据库中的全文文献进行内容检索,从而获得关于该上市公司各年度每一条新闻报道的题目、作者、报纸中文名称、发表日期等原始信息,从而为计算媒体关注度指标提供依据。

我们对所有连续性变量在1%和99%分位数上进行Winsorize处理,以消除异常值对实证结果的影响。同时,我们还剔除了控制变量缺失的上市公司样本[3],最终得到研究样本1 473个。

---

[1] http://biz.finance.sina.com.cn/donation/。
[2] http://www.cninfo.com.cn/search/search.jsp。
[3] 我们也尝试不剔除控制变量缺失的样本进行回归检验,结论仍然一致。

（二）变量定义

表 1 给出了本文主要使用的变量定义。其中，为了考察公司捐款能否帮助无分析师关注的上市公司重新获得分析师和媒体的关注，以及是否对上市公司未来在股票交易以及业绩产生影响，我们分别引入了未来分析师关注、媒体关注度、股票非流动性、基金持股比例、股东户数以及企业未来的业绩指标。

表 1 变量定义

变量	变量名称	变量定义
Coverage	分析师关注	虚拟变量，若未来一年/未来两年内上市公司有分析师关注，则取值为 1，否则为 0
News	媒体关注度	上市公司在 2009 年被报道的新闻次数加 1 后的自然对数
Amihud	股票非流动性	上市公司股票在 2008 年下半年/2008 年下半年至 2009 年上半年/2009 年的股票非流动性测度，参考梁丽珍和孔东民（2008）计算得到
Fund	基金持股比例	上市公司在 2008 年下半年末/2009 年上半年末/2009 年下半年末的基金持股比例
Holder	股东户数	上市公司在 2008 年下半年末/2009 年上半年末/2009 年下半年末的股东户数的自然对数值
ROE	净资产收益率	上市公司在 2008 年年末/2009 年年末的净资产收益率
ROS	销售利润率	上市公司在 2008 年年末/2009 年年末的销售利润率
Coverage	分析师关注	虚拟变量，若 2008 年上市公司无分析师关注，则取值为 1，否则为 0
Donate	捐款	虚拟变量，若上市公司进行捐款，则取值为 1，否则为 0
SOE	所有权性质	虚拟变量，若上市公司为国有企业，则取值为 1，否则为 0
Size	公司规模	上市公司 2008 年总资产的自然对数
Lev	资产负债率	上市公司 2008 年的资产负债率，等于总负债除以总资产
Age	上市年龄	公司截至 2008 年的上市年龄
Largest	最大持股比例	上市公司 2008 年的最大股东持股比例
Dual	两权合一	虚拟变量，若 CEO 与董事长为同一人兼任，则取值为 1，否则为 0
Ind_Ratio	独立董事占比	上市公司 2008 年的独立董事人数除以董事会总人数
Beta	贝塔系数	上市公司股票在 2008 年的年度贝塔系数，由上市公司和市场在年内的周收益率通过市场模型回归计算得到
StdRet	异常收益波动	上市公司股票年度异常收益波动，由上市公司和市场在年内的周收益率通过市场模型回归所得残差的标准差计算得到
Ret	超额年收益率	上市公司股票在 2008 年的年收益率减去同期市场收益率
SUE	标准化未预期盈余	上市公司 2008 年的标准化未预期盈余，参考谭伟强（2008）计算得到

值得说明的是,虽然在股票流动性的代理变量上,交易量指标和买卖价差指标是比较常用的指标。但 Hasbrouck(2003)认为 Amihud(2002)的非流动性测度[1]是基于交易的代理变量中最好的。同时,梁丽珍和孔东民(2008)在对众多流动性指标进行比较后,也认为在中国股票市场上,Amihud 测度在捕捉股票的流动性方面最好。因此,本文最终选取 Amihud 测度作为衡量股票流动性的代理变量。参考梁丽珍和孔东民(2008),在第 t 个月,股票 i 的非流动性由该月内的日交易数据计算得到,具体公式如下:

$$\text{Amihud}_{i,t} = \frac{1}{\text{Days}_{i,t}} \sum_{d=1}^{\text{Days}_{i,t}} \frac{|R_{i,t,d}|}{V_{i,t,d}} \quad (1)$$

其中,$R_{i,t,d}$ 为股票 i 在第 t 个月的第 d 个交易日的收益率,$V_{i,t,d}$ 为股票 i 在第 t 个月的第 d 个交易日的交易量(以 10 万元人民币为单位),$\text{Days}_{i,t}$ 为股票 i 在第 t 个月的有效交易天数。在构造出月度 Amihud 测度之后,通过计算期间内月度 Amihud 测度的均值作为各期间上市公司股票的非流动性测度,该测度取值越大,表明股票的流动性越差。

同时,区别于以往的研究,本文着重从上市公司是否受到分析师关注入手,并借助捐款这一事件来考察无分析师关注的上市公司的捐款动机。因此,以分析师关注变量作为分组指标,同时考察捐款对上市公司未来的影响作用。

在控制变量方面,我们引入了所有权性质、公司规模、资产负债率和上市年龄,以控制上市公司的基本特征。由于上市公司在未来的变化同样也可能是由于公司治理的因素造成,因此,我们引入最大持股比例、两权合一以及独立董事占比以控制公司治理效应。同时,考虑到上市公司股票在市场上的特征也可能吸引未来分析师或媒体和投资者的关注,我们进一步引入股票的贝塔系数、异常收益波动、经市场调整的年收益率以及标准化未预期盈余。对标准化未预期盈余的计算,我们主要参考谭伟强(2008)以及吴世农和吴超鹏(2005)的方法,具体过程如下:

首先,利用公司中报和年报披露的总股本和每股收益来调增公司上半年和下半年的每股收益:

$$\text{EPS}_{s\_adjust} = \text{EPS}_s(E_s/E_y) \quad (2)$$

其中,EPS_{s_adjust} 为上市公司中报披露的每股收益,E_s 为中报披露的上半年

---

[1] Amihud 指标也是衡量股票流动性的指标之一,不过主要在于它测度的是股票的非流动性(illiquidity),即取值越大,股票的流动性越差。为了延续以往研究的习惯(如,梁丽珍和孔东民,2008),我们还是将其称作非流动性指标。感谢审稿人的意见。

末的总股本，E_y 为年报披露的年末的总股本，EPS_{s_adjust} 为上半年末经调整后的每股收益。从而有下半年的每股收益为：

$$EPS_{y\_adjust} = EPS_y - EPS_{s\_adjust} \qquad (3)$$

其中，EPS_y 为年末公布的每股收益，EPS_{y_adjust} 为经调整后的下半年每股收益。

然后，定义公司 i 第 t 个半年度的标准化未预期盈余 SUE 如下：

$$SUE_{i,t} = (EPS_{i,t} - EPS_{i,t-2})/\sigma_{i,t} \qquad (4)$$

其中，$\sigma_{i,t}$ 表示公司 i 在第 t 个半年度及其之前的 4 个半年度的未预期盈余（$EPS_{i,t} - EPS_{i,t-2}$）的标准差。从而计算得到上市公司年末的标准化未预期盈余 SUE。

最后，考虑到未来分析师的关注可能会受到股票流动性、机构投资者持股比例（O'Brien and Bhushan，1990）以及信息搜集成本（Barth et al.，2001）的影响，我们还进一步引入了上市公司在 2008 年上半年末的公司业绩指标、基金持股比例、股票非流动性测度、股东户数以及 2008 年的媒体关注度作为控制变量，并加入行业虚拟变量控制行业效应。

（三）模型设定

针对假说 1a 和假说 1b，我们设定如下模型进行回归检验：

$$F\_Coverage/News\_2009 = f(Donate, Control) \qquad (5)$$

其中，因变量 F_Coverage 和 News_2009 分别为分析师在未来一年（或两年）是否获得分析师关注的虚拟变量以及 2009 年的媒体关注度。Donate 为虚拟变量，若上市公司在汶川地震后有捐款行为，则取值为 1，否则为 0。Control 为一系列控制变量，包括公司的基本特征、公司治理特征以及资本市场特征等相关变量。同时，我们还控制了企业 2008 年的媒体关注度 News_2008 以及在 2008 年上半年末的净资产收益率 ROE_2008h1、基金持股比例 Fund_2008h1 和股票非流动性指标 Amihud_2008h1，控制变量的具体定义可参见表 1。

此外，为了考察捐款对无分析师关注的上市公司产生的影响作用，我们按照上市公司在 2008 年是否受到分析师的关注对公式（5）进行分组回归，从而进一步比较捐款行为对无分析师关注和有分析师关注的上市公司的影响差异。

针对假说 2a、假说 2b 和假说 2c，模型设定如下：

$$F\_Amihud/F\_Fund/F\_Holder = f(Donate, Control) \qquad (6)$$

其中，因变量 F_Amihud、F_Fund 和 F_Holder 分别表示上市公司在未来的股票非流动性、基金持股比例和持股股东户数。其余变量的定义与前文一致。值得说明的是,因变量为未来持股股东户数时,我们在控制变量中增加了上市公司在2008年上半年末的持股股东户数。同样,我们按照上市公司在2008年是否受到分析师的关注对公式(6)进行分组回归检验。

四、实证结果与分析

(一)描述性统计

表2给出了本文研究样本的总体分布情况。可以发现,在我们的样本中,有479家(32.52%)公司在2008年度没有受到任何分析师的关注,而其中仅有73家公司有捐款行为发生,占比仅为15.24%。而在受到分析师关注的上市公司样本中,有365家(36.72%)公司进行了捐款,其比例远远高于无分析师关注的样本。同时,表3给出了研究样本的行业分布情况。

表2 总体样本分布

	捐款(家)	百分比(%)	未捐款(家)	百分比(%)	合计(家)
无分析师关注	73	16.67	406	39.23	479
有分析师关注	365	83.33	629	60.77	994
合计	438	100.00	1 035	100.00	1 473

表3 样本的行业分布 单位:家

行业分类	分析师关注			捐赠		
	无	有	合计	无	有	合计
农林牧渔业	7	21	28	20	8	28
采掘业	8	31	39	30	9	39
食品、饮料	23	38	61	37	24	61
纺织、服装、皮毛	36	23	59	33	26	59
木材、家具	2	4	6	1	5	6
造纸、印刷	11	16	27	20	7	27
石油、化学、塑胶、塑料	48	100	148	113	35	148
电子	18	48	66	47	19	66
金属、非金属	25	102	127	95	32	127
机械、设备、仪表	54	165	219	153	66	219
医药、生物制品	42	70	112	59	53	112

(续表)

行业分类	分析师关注			捐赠		
	无	有	合计	无	有	合计
其他制造业	3	11	14	8	6	14
电力、煤气及水的生产和供应业	27	42	69	53	16	69
建筑业	8	22	30	19	11	30
交通运输、仓储业	9	57	66	50	16	66
信息技术业	21	58	79	49	30	79
批发和零售贸易	37	68	105	71	34	105
房地产业	53	58	111	87	24	111
社会服务业	16	29	45	36	9	45
传播与文化产业	4	10	14	13	1	14
综合类	27	21	48	41	7	48
合计	479	994	1 473	1 035	438	1 473

表4是主要变量的描述性统计特征。就总体样本而言,国有企业占比约为60%,平均总资产的自然对数为21.42,资产负债率约为50%,平均上市年龄为8.8年。在公司治理方面,样本平均最大股东持股比例为36.3%,有14.4%的企业CEO与董事长由同一人兼任,独立董事占比的均值约为36.2%,同时,公司治理相关变量的标准差相对较大,反映出样本在公司治理方面存在较大差异。在资本市场方面,上市公司股票的平均贝塔系数为0.118,异常收益波动率均值为0.096,而经市场调整的年收益率均值几乎为0。同时,标准化未预期盈余均值为-0.222,反映出上市公司在2008年度实际会计盈余普遍低于预期。此外,研究样本在2008年平均被媒体报道的次数约为6次($e^{1.978}-1 \approx 6.23$),其中被报道次数最高约为112次($e^{4.727}-1 \approx 111.95$),同时也有部分公司在2008年并没有任何媒体对其进行过新闻报道。总体样本在2008年上半年末的平均净资产收益率约为4.6%,基金持股比例约为5.4%,而在上半年的平均非流动性测度均值约为0.0002。

表4 主要变量的描述性统计

变量名	观测值	均值	标准差	最小值	中位数	最大值
Coverage	1 473	0.6750	0.4690	0.0000	1.0000	1.0000
Donate	1 473	0.2970	0.4570	0.0000	0.0000	1.0000
SOE	1 473	0.6000	0.4900	0.0000	1.0000	1.0000

（续表）

变量名	观测值	均值	标准差	最小值	中位数	最大值
Size	1 473	21.4160	1.1850	18.4910	21.2770	24.9660
Lev	1 473	0.5000	0.1880	0.0830	0.5030	0.9230
Age	1 473	8.8170	4.3150	1.0000	9.0000	18.0000
Largest	1 473	0.3630	0.1520	0.0910	0.3470	0.7420
Dual	1 473	0.1440	0.3510	0.0000	0.0000	1.0000
Ind_Ratio	1 473	0.3620	0.0500	0.2500	0.3330	0.5560
Beta	1 473	0.1180	0.1680	−0.2990	0.1010	0.7000
StdRet	1 473	0.0960	0.0160	0.0600	0.0950	0.1430
Ret	1 473	0.0000	0.0020	−0.0020	0.0000	0.0080
SUE	1 473	−0.2220	1.2640	−2.3900	−0.3980	2.7340
News_2008	1 473	1.9780	1.1350	0.0000	1.9460	4.7270
ROE_2008h1	1 473	0.0460	0.0690	−0.2550	0.0400	0.2920
Fund _2008h1	1 473	0.0540	0.0920	0.0000	0.0070	0.4010
Amihud_2008h1	1 473	0.0002	0.0004	0.0000	0.0001	0.0051

表 4 仅就样本的总体情况给出了大致描述,而在表 5 中,我们首先将研究样本按照是否有分析师关注将企业分为两组,在此基础上对比捐款和未捐款上市公司在各方面特征是否存在差异,结果如表 5 所示。

表 5 分组比较

变量	无分析师关注(Coverage = 0)				有分析师关注(Coverage = 1)			
	未捐款	捐款	T 检验	Wilcoxon 检验	未捐款	捐款	T 检验	Wilcoxon 检验
	Donate = 0	Donate = 1	P-value	P-value	Donate = 0	Donate = 1	P-value	P-value
SOE	0.586	0.397	0.003	0.003	0.677	0.523	0.000	0.000
Size	20.739	20.738	0.989	0.818	21.716	21.786	0.369	0.899
Lev	0.520	0.487	0.207	0.126	0.491	0.496	0.703	0.797
Age	10.377	9.479	0.062	0.073	8.482	7.526	0.001	0.001
SUE	−0.295	−0.427	0.380	0.449	−0.213	−0.116	0.256	0.280
Largest	0.324	0.322	0.929	0.998	0.388	0.371	0.098	0.119
Dual	0.163	0.233	0.145	0.144	0.118	0.151	0.135	0.135
Ind_Ratio	0.362	0.363	0.854	0.673	0.360	0.363	0.394	0.988
Beta	0.166	0.151	0.514	0.670	0.097	0.096	0.982	0.723
StdRet	0.097	0.095	0.286	0.253	0.096	0.094	0.036	0.040
Ret	0.000	0.000	0.362	0.620	0.001	0.001	0.221	0.118

（续表）

变量	无分析师关注（Coverage = 0）				有分析师关注（Coverage = 1）			
	未捐款	捐款	T 检验	Wilcoxon 检验	未捐款	捐款	T 检验	Wilcoxon 检验
	Donate = 0	Donate = 1	P-value	P-value	Donate = 0	Donate = 1	P-value	P-value
News_2008	1.330	1.570	0.046	0.052	2.168	2.454	0.000	0.000
ROE_2008h1	0.007	0.018	0.253	0.041	0.059	0.073	0.000	0.001
Fund_2008h1	0.003	0.006	0.078	0.986	0.076	0.084	0.256	0.173
Amihud_2008h1	0.000	0.000	0.479	0.637	0.000	0.000	0.423	0.309
Holder_2008h1	10.501	10.393	0.285	0.225	10.599	10.553	0.482	0.234

由表 5 可以发现，无论是在无分析师关注还是有分析师关注的组别，除少数变量（如，所有权性质 SOE 和上市年龄 Age 等）以外，未捐款和有捐款行为的样本平均而言，在企业基本特征、公司治理以及资本市场特征上并无显著差异。值得注意的是，在两组样本中，发生捐款的企业在 2008 年被新闻报道的次数都显著多于未捐款企业。同时，各组内发生捐款的企业在 2008 年上半年末的资产收益率以及基金持股比例都略高于未捐款样本。此外，仅从分析师关注与否的角度来看，有分析师关注的上市公司在媒体关注度、企业业绩、基金持股比例以及股票流动性上都显著高于无分析师关注的企业，这与 Mola et al.（2013）的发现也较为一致。

（二）实证分析

针对假说 1a 和假说 1b，我们主要考察无分析师关注的企业是否能借助捐款事件在未来重新获得分析师关注，同时也吸引更多的新闻媒体报道。[1] 结果如表 6 所示。

表 6　未来分析师和媒体关注

变量	无分析师关注（Coverage = 0）			有分析师关注（Coverage = 1）		
	F1_coverage	F2_coverage	News_2009	F1_coverage	F2_coverage	News_2009
Donate	0.911***	0.863***	0.197**	-0.397	0.054	-0.002
	(3.013)	(2.647)	(2.125)	(-1.405)	(0.142)	(-0.049)
SOE	0.367	0.005	-0.127*	0.008	0.187	0.032
	(1.571)	(0.023)	(-1.826)	(0.028)	(0.434)	(0.635)

---

[1] 当因变量为媒体关注度时，我们同样采取 Tobit 模型进行了回归，结果仍然一致。

（续表）

变量	无分析师关注（Coverage = 0）			有分析师关注（Coverage = 1）		
	F1_coverage	F2_coverage	News_2009	F1_coverage	F2_coverage	News_2009
Size	0.903***	0.543***	0.109**	0.670***	1.084***	0.104***
	(5.688)	(3.665)	(2.576)	(2.736)	(3.585)	(3.927)
Lev	-1.260**	-0.119	-0.013	-0.376	-1.190	-0.044
	(-2.200)	(-0.215)	(-0.087)	(-0.382)	(-0.895)	(-0.302)
Age	-0.146***	-0.143***	0.007	-0.128***	-0.095*	0.004
	(-4.605)	(-4.556)	(0.831)	(-3.742)	(-1.838)	(0.726)
SUE	0.202**	0.161*	0.013	0.035	0.054	-0.024
	(2.148)	(1.766)	(0.479)	(0.301)	(0.345)	(-1.436)
Largest	-0.789	-0.062	-0.259	2.482***	0.379	0.198
	(-0.970)	(-0.085)	(-1.149)	(2.603)	(0.280)	(1.284)
Dual	-0.228	-0.461*	-0.212***	0.473	0.683	0.098
	(-0.790)	(-1.729)	(-2.928)	(1.298)	(1.106)	(1.603)
Ind_Ratio	-0.533	0.857	0.958	-3.497	-2.395	-0.044
	(-0.210)	(0.395)	(1.500)	(-1.369)	(-0.674)	(-0.118)
Beta	0.112	-1.007*	0.429**	1.742**	1.266	-0.137
	(0.175)	(-1.657)	(2.228)	(2.072)	(1.061)	(-1.067)
StdRet	-7.861	8.573	-0.226	-13.350	-2.545	-1.845
	(-1.115)	(1.243)	(-0.127)	(-1.288)	(-0.169)	(-1.170)
Ret	159.448*	178.277*	23.194	327.780***	326.665*	46.042***
	(1.877)	(1.772)	(0.889)	(3.007)	(1.875)	(3.678)
News_2008	0.323**	0.443***	0.691***	0.455***	0.222	0.791***
	(2.452)	(3.495)	(22.091)	(3.555)	(1.258)	(44.034)
ROE_2008h1	-0.528	0.480	-0.723*	12.521***	16.490***	-0.928*
	(-0.322)	(0.321)	(-1.731)	(3.093)	(2.667)	(-1.937)
Fund_2008h1	24.634	1.562	-2.502	21.859***	20.667	0.101
	(1.296)	(0.135)	(-1.392)	(3.105)	(1.371)	(0.419)
Amihud_2008h1	234.031	25.165	56.245	-109.599	1 745.907	250.926
	(1.528)	(0.149)	(1.334)	(-0.119)	(1.147)	(1.407)
Constant	-17.449***	-11.207***	-1.900*	-10.819**	-19.263***	-2.076***
	(-4.978)	(-3.217)	(-1.943)	(-2.112)	(-2.804)	(-3.550)
Industry Effect	Yes	Yes	Yes	Yes	Yes	Yes
Obs	474	469	479	927	896	994
Pseudo R^2/Adj_R^2	0.193	0.146	0.520	0.334	0.300	0.672

注：括号内为对应回归系数的 z 值或 t 值，且已经过稳健性调整。***、**和 * 分别表示在1%、5%和10%的显著性水平上拒绝零假设。

表 6 的前三列中,上市公司捐款虚拟变量 Donate 均显著为正,表明对于无分析师关注的样本而言,捐款行为将使得企业在未来一年或两年内更可能重新获得分析师的关注[1],同时,在未来一年被媒体报道的次数也会随之增加。结合表 5,由于在无分析师关注的样本中,捐款与未捐款的企业样本在各方面的特征变量上并没有表现出显著差异,因此,这也进一步说明了捐款行为的影响作用。

相对地,在有分析师关注的组别中,捐款行为所带来的影响则并不显著。一方面,捐款行为可能会提高公司被分析师关注的概率,但对于未捐款的企业而言,由于上市公司已经在 2008 年受到了分析师的关注,即使上市公司并没有通过捐款行为来吸引分析师的关注,其同样可能延续被分析师关注的可能。因此,第四列与第五列中,上市公司捐款虚拟变量 Donate 均不显著。另一方面,由表 5 可知,在有分析师关注的组别中,未捐款和捐款样本在 2008 年被媒体报道的平均次数约为 8 次($e^{2.168}-1\approx7.74$)和 11 次($e^{2.454}-1\approx10.63$),且捐款企业当年被报道的次数显著高于未捐款样本。考虑到样本在 2008 年度被媒体报道的次数已经高于总体样本均值,即无论是否捐款,在有分析师关注的组别中,企业被媒体报道的次数已经较多,因而即使发生捐款行为,也并不一定能使企业在未来一年内吸引更多的媒体关注。

综上所述,我们发现,捐款行为确实能够帮助上市公司在未来吸引分析师和媒体的关注,且这种影响作用只体现在完全没有分析师关注的企业当中,与假说 1a 和假说 1b 的预期相符。

针对假说 2a、假说 2b 和假说 2c,我们拟考察无分析师关注的企业是否能借助捐款事件在未来提升自身股票的交易特征。我们主要检验了股票未来的流动性,结果如表 7 所示。

表 7 未来流动性指标

变量	无分析师关注(Coverage = 0)			有分析师关注(Coverage = 1)		
	F1_Amihud	F2_Amihud	F3_Amihud	F1_Amihud	F2_Amihud	F3_Amihud
Donate	-0.0001*	-0.0001	0.000	-0.000	-0.000	0.000
	(-1.939)	(-1.215)	(0.402)	(-0.532)	(-0.325)	(0.140)
SOE	0.000	0.000	0.000	0.000	0.000	-0.000
	(0.646)	(0.465)	(1.239)	(0.400)	(0.313)	(-0.628)

---

[1] 审稿人指出,"捐款越多的企业越会去宣传自己以使钱没有白花,所以会获得更多分析师的关注"。为了控制这种潜在内生性的影响,我们参考 Zhang et al. (2010)在控制变量中增加了销售支出占比,以控制广告宣传效应,结果仍然一致。感谢审稿人的建议。

(续表)

变量	无分析师关注(Coverage = 0)			有分析师关注(Coverage = 1)		
	F1_Amihud	F2_Amihud	F3_Amihud	F1_Amihud	F2_Amihud	F3_Amihud
Size	-0.000***	-0.000***	-0.000***	-0.000***	-0.000*	-0.000***
	(-6.888)	(-5.399)	(-8.161)	(-2.751)	(-1.892)	(-5.290)
Lev	0.001**	0.000	0.000***	0.000	0.000	0.000***
	(2.546)	(1.464)	(3.650)	(0.943)	(0.523)	(3.836)
Age	-0.000*	-0.000	-0.000	-0.000	-0.000	-0.000***
	(-1.751)	(-1.004)	(-0.827)	(-0.671)	(-0.090)	(-2.808)
SUE	0.000	0.000	0.000	-0.000*	-0.000	0.000
	(0.086)	(0.619)	(1.281)	(-1.657)	(-1.426)	(0.073)
Largest	0.001***	0.000*	0.000***	0.000***	0.000***	0.000***
	(2.973)	(1.814)	(2.646)	(3.144)	(2.652)	(4.737)
Dual	-0.000	-0.000	-0.000	-0.000	-0.000	-0.000
	(-0.708)	(-0.479)	(-0.449)	(-1.335)	(-1.557)	(-0.284)
Ind_Ratio	0.000	0.000	0.000	-0.000	-0.000	-0.000
	(0.020)	(0.668)	(0.187)	(-1.028)	(-1.055)	(-0.693)
Beta	-0.000	-0.000	0.000	-0.000	0.000	-0.000
	(-0.443)	(-0.988)	(0.685)	(-0.054)	(0.013)	(-1.622)
StdRet	-0.007***	-0.004**	-0.001***	-0.002	-0.001	-0.000*
	(-3.087)	(-2.573)	(-3.115)	(-1.299)	(-0.859)	(-1.707)
Ret	-0.030	-0.041**	-0.009***	0.011	0.010	-0.001
	(-1.616)	(-2.456)	(-2.841)	(0.637)	(0.706)	(-0.672)
News_2008	-0.000	-0.000	-0.000	-0.000**	-0.000*	-0.000
	(-1.276)	(-0.397)	(-0.102)	(-2.125)	(-1.897)	(-1.099)
ROE_2008h1	-0.001	-0.001	-0.000*	0.000	0.000	-0.000***
	(-1.127)	(-1.453)	(-1.849)	(0.612)	(0.771)	(-3.587)
Fund _2008h1	0.002	0.001	0.000	-0.000*	-0.000	-0.000***
	(1.164)	(1.107)	(0.129)	(-1.763)	(-1.481)	(-3.080)
Amihud_2008h1	0.086	0.172*	0.031**	0.846***	0.506***	0.063***
	(1.155)	(1.870)	(2.301)	(3.822)	(3.513)	(4.941)
Constant	0.006***	0.005***	0.001***	0.002***	0.001*	0.000***
	(7.738)	(5.950)	(7.890)	(2.744)	(1.924)	(5.667)
Industry Effect	Yes	Yes	Yes	Yes	Yes	Yes
Obs	476	477	479	994	994	994
Adj_R^2	0.246	0.245	0.354	0.266	0.184	0.404

注:括号内为对应回归系数的 t 值,且已经过稳健性调整。***、**和*分别表示在1%、5%和10%的显著性水平上拒绝零假设。

其中，F1_Amihud、F2_Amihud 和 F3_Amihud 分别表示上市公司股票在 2008 年下半年、2008 年下半年至 2009 年上半年以及 2009 年的股票非流动性测度。由于汶川地震的发生时间为 2008 年 5 月 12 日，而多数公司的捐款行为发生在 2008 年 5 月至 7 月间。从无分析师关注的组别可以看到，捐款虚拟变量 Donate 的回归系数在第一列中显著为负，且在 10% 的水平下显著，表明捐款行为能够提高上市公司在未来半年内股票交易的流动性。但值得注意的是，捐款行为对股票流动性的提升作用仅仅体现在短期内，当考虑未来较长期的股票流动性时，捐款虚拟变量 Donate 的回归系数均不显著。且从第二列与第三列 Donate 变量回归系数的符号及显著性来看，有略微的证据表明，捐款行为的影响作用呈现出逐渐下降的趋势。控制变量方面，公司规模与因变量均呈显著负相关，即公司规模越大，对应股票的流动性也越高，这体现出 Amihud 测度作为衡量股票流动性指标的可靠性。同时，企业在 2008 年上半年的非流动性 Amihud_2008h1 的回归系数也基本显著为正，表明股票的流动性具有一定的惯性作用。

而在有分析师关注的组别中，捐款行为所带来的影响均不显著。同样，结合表 5 可以发现，受到分析师关注的样本，无论是否有捐款行为发生，其对应股票的流动性都高于总体样本均值。因此，捐款与否并不会对上市公司股票在未来的流动性产生显著影响。

此外，由表 7 的结果，我们发现捐款行为仅能帮助无分析师关注的企业在未来较短时期内提高股票流动性。同时，由于捐款能够帮助被"忽视"的企业重获分析师的关注，股票未来的流动性也可能通过"企业捐款→分析师关注→股票流动性"这一中介效应渠道发挥效应。这里，我们引入 Sobel 检验（温忠麟等，2005），以对是否存在这种中介效应的传导机制进行检验。参考温忠麟等（2005），中介效应的定义是：考虑自变量 X 对因变量 Y 的影响，如果 X 通过影响变量 M 来影响 Y，则称 M 为中介变量。具体可参考如下三个方程：

$$Y = cX + e_1 \tag{7}$$

$$M = aX + e_2 \tag{8}$$

$$Y = c'X + bM + e_3 \tag{9}$$

这里，中介变量的估计量是回归系数乘积 $\hat{a}\hat{b}$，若 $\hat{a}\hat{b}$ 显著异于 0，则说明存在中介效应，否则无中介效应。具体而言，在本文中 Y 为 2009 年股票未来流动性指标 F3_Amihud，M 为 2009 年分析师关注虚拟变量 Coverage_2009，X 为企业捐款虚拟变量 Donate。Sobel 检验的结果如表 8 所示。

表 8 "企业捐款→分析师关注→股票流动性"中介效应检验

	无分析师关注(Coverage = 0)		有分析师关注(Coverage = 1)	
	系数	Z-Value	系数	Z-Value
回归系数 $\hat{a}$	0.197	3.239***	0.011	0.580
回归系数 $\hat{b}$	-0.035×10^{-3}	-4.009***	-0.002×10^{-2}	-5.259***
Sobel 检验	-0.686×10^{-5}	-2.52**	-0.229×10^{-8}	-0.577
中介效应占总效应的比例	99.12%		24.25%	

注:本表使用 Sobel 检验,***、** 和 * 分别表示在 1%、5% 和 10% 的显著性水平上拒绝零假设。

由上述结果可知,在无分析师关注的样本组内,Sobel 检验统计量在 1% 的显著性水平下显著。结合先前的结果,我们发现捐助对于股票在未来长期流动性的直接影响较小。但通过中介效应的检验可以发现,企业在通过捐助重新获得分析师关注后,能够进一步帮助企业在股票流动性上获得提升。这种中介效应占到了总效应的 99.12%。这表明,企业的捐助行为通过"企业捐款→分析师关注→股票流动性"这一中介效应对未来股票较长期流动性的提升作用超过了直接效应。同时,我们也发现,这种中介效应仅体现在无分析师关注的样本组内。这也在一定程度上反映出重获关注对于企业的重要性。

表 9 和表 10 分别从参与股票交易的投资者进行考察。其中,表 9 主要考察了机构投资者的交易行为,这里我们主要使用基金持股比例来作为机构交易的替代指标。而表 10 主要利用上市公司持股股东户数考察了个人投资者的交易行为。

表 9 未来基金持股比例变化

变量	无分析师关注(Coverage = 0)			有分析师关注(Coverage = 1)		
	F1_Fund	F2_Fund	F3_Fund	F1_Fund	F2_Fund	F3_Fund
Donate	0.002*	0.002	0.003	0.008***	0.008**	0.006
	(1.838)	(0.792)	(0.686)	(2.895)	(2.280)	(1.510)
SOE	-0.001	0.001	-0.003	0.001	0.001	0.002
	(-0.771)	(0.237)	(-0.945)	(0.162)	(0.137)	(0.515)
Size	0.002***	0.007***	0.010***	0.003*	0.009***	0.002
	(3.045)	(3.148)	(3.834)	(1.929)	(4.065)	(0.606)
Lev	-0.008***	-0.014**	-0.021**	-0.032***	-0.010	-0.004
	(-3.349)	(-2.306)	(-2.219)	(-4.149)	(-1.000)	(-0.273)

（续表）

变量	无分析师关注(Coverage = 0)			有分析师关注(Coverage = 1)		
	F1_Fund	F2_Fund	F3_Fund	F1_Fund	F2_Fund	F3_Fund
Age	0.000**	0.000	-0.000	0.000	0.001	0.000
	(2.008)	(0.383)	(-0.816)	(1.490)	(1.414)	(0.114)
SUE	0.000	-0.001	0.001	-0.003**	-0.002	0.001
	(0.849)	(-0.674)	(0.481)	(-2.431)	(-1.097)	(0.318)
Largest	0.001	-0.009	-0.018	-0.014*	-0.017	-0.038***
	(0.332)	(-1.101)	(-1.457)	(-1.656)	(-1.414)	(-2.664)
Dual	0.001	-0.002	-0.005	-0.005	-0.006	-0.004
	(0.505)	(-0.619)	(-1.163)	(-1.199)	(-1.002)	(-0.632)
Ind_Ratio	0.012	0.024	0.015	0.012	-0.004	0.032
	(1.142)	(0.972)	(0.396)	(0.662)	(-0.117)	(1.004)
Beta	0.005	0.006	0.008	0.027***	0.007	0.007
	(1.625)	(0.714)	(0.904)	(3.014)	(0.546)	(0.523)
StdRet	-0.008	0.062	0.045	-0.353***	-0.085	-0.047
	(-0.212)	(0.787)	(0.437)	(-3.443)	(-0.610)	(-0.337)
Ret	0.330	1.382	2.015	12.726***	7.506***	7.153***
	(0.941)	(1.276)	(1.404)	(11.503)	(6.181)	(5.169)
News_2008	0.000	0.002	0.002	0.001	0.001	0.002
	(0.593)	(0.986)	(1.065)	(0.960)	(0.460)	(1.185)
ROE_2008h1	0.001	0.001	0.001	-0.027	0.093**	0.145***
	(0.190)	(0.020)	(0.042)	(-0.907)	(2.317)	(3.290)
Fund_2008h1	1.088***	1.236***	1.200***	0.871***	0.582***	0.575***
	(5.932)	(5.485)	(5.598)	(46.200)	(23.344)	(20.370)
Amihud_2008h1	0.780*	1.861	8.156	-10.202	-5.400	-31.508**
	(1.675)	(0.909)	(1.231)	(-0.833)	(-0.346)	(-2.024)
Constant	-0.043***	-0.153***	-0.202***	-0.054	-0.207***	-0.022
	(-3.050)	(-3.351)	(-3.759)	(-1.381)	(-3.880)	(-0.398)
Industry Effect	Yes	Yes	Yes	Yes	Yes	Yes
Obs	479	479	479	994	994	994
Adj_R^2	0.697	0.278	0.228	0.873	0.654	0.579

注：括号内为对应回归系数的 t 值，且已经过稳健性调整。***、** 和 * 分别表示在 1%、5% 和 10% 的显著性水平上拒绝零假设。

表 10 未来股东户数变化

变量	无分析师关注(Coverage = 0)			有分析师关注(Coverage = 1)		
	F1_Holder	F2_Holder	F3_Holder	F1_Holder	F2_Holder	F3_Holder
Donate	-0.024	0.063*	-0.031	-0.014	-0.029	-0.041
	(-1.273)	(1.776)	(-0.693)	(-1.064)	(-1.277)	(-1.402)
SOE	-0.013	-0.057**	-0.064**	-0.021	-0.045*	-0.058*
	(-1.110)	(-2.518)	(-2.060)	(-1.458)	(-1.789)	(-1.834)
Size	0.030***	0.094***	0.150***	0.046***	0.115***	0.211***
	(2.607)	(4.861)	(6.124)	(3.908)	(6.062)	(8.398)
Lev	-0.013	-0.078	-0.137*	0.036	-0.226***	-0.362***
	(-0.324)	(-1.188)	(-1.824)	(0.849)	(-3.307)	(-3.912)
Age	0.001	0.004	0.010**	-0.000	-0.002	-0.002
	(0.608)	(1.069)	(2.425)	(-0.095)	(-0.602)	(-0.652)
SUE	-0.006	-0.008	-0.013	0.015***	-0.025***	-0.026**
	(-1.005)	(-0.806)	(-1.035)	(2.666)	(-2.680)	(-2.198)
Largest	-0.117**	-0.226**	-0.261**	-0.044	-0.370***	-0.410***
	(-2.232)	(-2.524)	(-2.235)	(-0.928)	(-4.679)	(-3.906)
Dual	0.006	0.003	0.031	-0.010	0.011	0.007
	(0.431)	(0.100)	(0.871)	(-0.542)	(0.328)	(0.164)
Ind_Ratio	-0.175	0.410*	0.664*	0.172	0.127	-0.063
	(-1.424)	(1.774)	(1.955)	(1.096)	(0.700)	(-0.249)
Beta	-0.058	-0.007	-0.074	-0.154***	0.008	0.021
	(-1.161)	(-0.100)	(-0.858)	(-3.087)	(0.113)	(0.237)
StdRet	2.282***	1.192	1.756*	4.251***	0.982	2.385**
	(4.212)	(1.525)	(1.760)	(7.692)	(1.215)	(2.423)
Ret	-12.022	5.804	12.106	-45.488***	-2.478	1.157
	(-1.580)	(0.526)	(0.809)	(-9.493)	(-0.321)	(0.114)
News_2008	0.007	0.004	0.011	0.005	0.027***	0.033**
	(0.955)	(0.321)	(0.661)	(0.792)	(2.608)	(2.389)
ROE_2008h1	0.383**	0.535**	0.510**	0.630***	1.027***	0.632*
	(2.267)	(2.196)	(2.487)	(3.322)	(3.764)	(1.915)
Fund_2008h1	0.314	-1.319	-1.026	0.054	0.698***	0.125
	(0.305)	(-0.907)	(-0.676)	(0.543)	(3.988)	(0.527)
Amihud_2008h1	-28.271***	-22.235*	-8.072	-81.520	-69.352	-113.071
	(-3.720)	(-1.796)	(-0.321)	(-1.096)	(-0.549)	(-0.859)
Holder_2008h1	0.914***	0.797***	0.724***	0.881***	0.740***	0.648***
	(56.838)	(31.887)	(26.020)	(59.270)	(31.720)	(21.651)
Constant	0.185	-0.024	-0.581	-0.044	0.441	-0.778*
	(0.988)	(-0.069)	(-1.324)	(-0.208)	(1.366)	(-1.950)

(续表)

变量	无分析师关注(Coverage = 0)			有分析师关注(Coverage = 1)		
	F1_Holder	F2_Holder	F3_Holder	F1_Holder	F2_Holder	F3_Holder
Industry Effect	Yes	Yes	Yes	Yes	Yes	Yes
Obs	479	479	476	993	994	990
Adj_R^2	0.969	0.889	0.834	0.963	0.873	0.807

注：括号内为对应回归系数的 t 值，且已经过稳健性调整。＊＊＊、＊＊ 和 ＊ 分别表示在 1%、5% 和 10% 的显著性水平上拒绝零假设。

表9中，F1_Fund、F2_Fund 和 F3_Fund 分别表示上市公司在 2008 年下半年末、2009 年上半年末以及 2009 年下半年末的基金持股比例。对于无分析师关注的样本而言，捐款行为仅能够提高未来短期内的基金持股比例，而对长期机构投资者的交易行为没有显著影响。相反，在有分析师关注的样本中，Donate 变量的回归系数在第四、五列中均显著为正，而在第六列中也为边际显著（p 值为 0.131），说明企业的捐款行为有助于吸引机构投资者交易。

对于机构投资者在交易行为上表现出来的差异，我们认为：在无分析师关注的组别中，由于缺乏分析师的关注，该类企业具有较低的信息透明度（Kirk, 2011；Mola et al., 2013），虽然捐款行为能够在一定程度上帮助无分析师关注的企业向外披露信号，但考虑到信息不透明所可能具有的潜在风险，机构投资者可能只会选择从事短期交易的策略。而在有分析师关注的组别中，分析师的关注使得企业在信息披露程度上风险较低，同时，由于企业的捐款行为也体现出上市公司自身的企业社会责任，改善公司自身的信息环境，降低分析师盈余预测的误差（Dhaliwal et al., 2011, 2012），因而能够在未来短期和长期均吸引机构投资者参与持股。

表10中，F1_Holder、F2_Holder 和 F3_Holder 分别表示上市公司在 2008 年下半年末、2009 年上半年末和 2009 年下半年末的股东户数的自然对数值。为了消除公司过去股东户数基数的影响，我们还在控制变量中增加了上市公司在 2008 年上半年末的股东户数变量 Holder_2008h1。结果显示，在无分析师关注的组别中，捐款行为并没有在短期内马上提高公司持股的股东户数，但在第二列中，捐款虚拟变量 Donate 的系数在 10% 的水平下显著为正，表明捐款行为使得企业在捐款发生一年后，个人投资者的参与显著增加。但这种影响同样也并没有在长期得到维持。反观有分析师关注的组别，在控制了股东户数基数之后，无论是短期还是长期，捐款行为同样也没有对个人投资者的交易行为产生显著影响。

结合表9与表10的结果，我们认为，对于完全失去分析师关注的上市公司而言,通过捐款这一事件,能够迅速且有效地向外界传递信号,以获得多方关注,进而能够在短期内吸引机构与个人投资者参与持股。同时,我们也发现机构与个人投资者在投资策略上存在差异:机构投资者在对待无分析师关注的上市公司的捐款行为时,倾向于采用短期交易策略;在对待有分析师关注的上市公司的捐款行为时,会考虑公司的信息透明度以及企业社会责任,采取中长期的投资策略。而个人投资者在投资行为上并没有表现出太多的理性投资行为:对无分析师关注的上市公司,可能会由于机构的短期交易行为而随之跟风;但对有分析师关注的企业的捐款行为却并没有采取更多的投资行为。

总体而言,我们的结果与假说 2a、假说 2b 和假说 2c 的预期一致。

(三) 扩展性检验

既然失去分析师关注的企业,可以借助于类似捐款的事件来扩大公司的知名度,帮助企业重新获得分析师、媒体和投资者的关注,那么,这类捐款企业仅仅只是为了获得短暂的噱头而赢得关注,还是因为基于自身企业业绩的提高而借机向外界披露公司的积极信号?

在本部分,为了检验捐款对公司未来业绩的影响作用,我们设定模型如下:

$$F\_ROE/F\_ROS = f(Donate, Coverage, Donate \times Coverage, Control) \quad (10)$$

其中,因变量 F_ROE 和 F_ROS 为公司在未来的净资产收益率和销售利润率,Donate 为捐款虚拟变量,Coverage 为上市公司在 2008 年是否受到分析师关注的虚拟变量,Donate × Coverage 为两者的交互项。当因变量为未来销售利润率时,控制变量中上市公司在 2008 年上半年末的业绩变量相应替换为销售利润率,其他控制变量与前文定义一致,回归结果如表 11 所示。

表 11 未来公司业绩变化

变量	ROE		ROS	
	ROE_2008	ROE_2009	ROS_2008	ROS_2009
Donate	0.041***	0.047**	0.058***	0.074***
	(3.317)	(2.209)	(3.069)	(2.756)
Coverage	0.023***	0.046***	0.032**	0.045***
	(2.644)	(3.101)	(2.311)	(2.690)
Donate × Coverage	-0.031**	-0.047**	-0.049**	-0.078***
	(-2.192)	(-2.083)	(-2.491)	(-2.726)
SOE	-0.004	-0.017	0.006	-0.022*
	(-0.520)	(-1.556)	(0.476)	(-1.737)

(续表)

变量	ROE		ROS	
	ROE_2008	ROE_2009	ROS_2008	ROS_2009
Size	0.005	-0.004	0.022***	0.002
	(1.118)	(-0.450)	(2.816)	(0.287)
Lev	-0.212***	-0.123***	-0.136***	-0.225***
	(-7.328)	(-2.662)	(-3.170)	(-4.606)
Age	0.000	-0.002	-0.001	-0.001
	(0.089)	(-1.582)	(-0.789)	(-0.730)
SUE	0.013***	0.001	0.003	0.008
	(5.195)	(0.200)	(0.687)	(1.553)
Largest	0.047**	0.047	0.097***	0.024
	(2.104)	(1.464)	(2.811)	(0.617)
Dual	0.000	-0.023	0.014	-0.011
	(0.036)	(-1.550)	(1.066)	(-0.628)
Ind_Ratio	0.000	-0.040	-0.036	0.046
	(0.007)	(-0.441)	(-0.376)	(0.421)
Beta	-0.019	-0.035	-0.071	0.046
	(-0.717)	(-0.889)	(-1.399)	(1.016)
StdRet	-0.205	-0.537	-0.117	0.241
	(-0.910)	(-1.201)	(-0.396)	(0.557)
Ret	10.454***	12.295***	9.430**	9.861***
	(4.781)	(4.179)	(2.190)	(3.077)
News_2008	0.004	0.028***	-0.003	0.031***
	(1.082)	(4.608)	(-0.587)	(4.334)
ROE_2008h1	1.484***	0.474***		
	(13.792)	(3.030)		
ROS_2008h1			0.789***	0.174*
			(6.754)	(1.881)
Fund_2008h1	0.068**	0.147***	0.029	0.122**
	(1.988)	(2.889)	(0.747)	(2.548)
Amihud_2008h1	25.101	-42.312	29.250	49.055
	(1.534)	(-1.230)	(0.711)	(0.840)
Constant	-0.045	0.156	-0.427**	-0.029
	(-0.443)	(0.929)	(-2.262)	(-0.144)
Industry Effect	Yes	Yes	Yes	Yes
Obs	1 468	1 455	1 472	1 462
Adj_R^2	0.558	0.227	0.488	0.202

注：括号内为对应回归系数的 t 值，且已经过稳健性调整。***、** 和 * 分别表示在 1%、5% 和 10% 的显著性水平上拒绝零假设。

其中,ROE_2008、ROE_2009、ROS_2008 和 ROS_2009 表示 2008 年和 2009 年企业的净资产收益率与销售利润率。在表 11 中,我们着重关注捐款虚拟变量 Donate 与分析师关注虚拟变量 Coverage 的交互项回归系数。结果显示,无论以净资产收益率还是销售利润率作为企业业绩的代理变量,交互项均在 5% 的水平下显著为负,即相对于有分析师关注的企业而言,有捐款行为的无分析师关注的上市公司在企业业绩方面提升程度更高。

同时,我们试图考察企业捐款的背后是否也是因为自己的业绩转好,所以借助捐款事件向外界传达积极信号。由于其未来业绩可能受到诸多因素的影响,我们拟通过考察企业捐款与其未来业绩(ROE 或 ROS)的相关关系来进行一个基本的考察。具体而言,我们引入 $T+1$、$T+2$ 和 $T+3$ 期的业绩作为自变量,以考察是否企业会因为更清楚了解未来业绩转好而导致其捐款行为,结果如表 12 所示。

表 12 捐款与企业长期业绩关系

Panel A: ROE

变量	ROE					
	无分析师关注(Coverage = 0)			有分析师关注(Coverage = 1)		
ROE_2009	2.262**			1.536**		
	(2.235)			(2.116)		
ROE_2010		1.553			1.732**	
		(1.243)			(2.464)	
ROE_2011			1.291			0.520
			(1.252)			(0.805)
Constant	−15.073***	−14.807***	−14.717***	−0.595	−0.609	−0.510
	(−37.691)	(−38.218)	(−38.421)	(−1.314)	(−1.356)	(−1.130)
Industry Effect	Yes	Yes	Yes	Yes	Yes	Yes
Obs	454	453	453	989	987	980
Pseudo R^2	0.051	0.042	0.040	0.017	0.018	0.015

Panel B: ROS

变量	ROS					
	无分析师关注(Coverage = 0)			有分析师关注(Coverage = 1)		
ROS_2009	2.500***			0.789		
	(3.204)			(1.276)		
ROS_2010		1.790*			0.381	
		(1.688)			(0.549)	

（续表）

Panel B：ROS

变量	ROS	
	无分析师关注（Coverage = 0）	有分析师关注（Coverage = 1）
ROS_2011	2.404**	0.137
	(2.448)	(0.191)
Constant	−14.852*** −15.551*** −14.895***	−0.556 −0.515 −0.494
	(−33.092) (−36.439) (−34.189)	(−1.223) (−1.140) (−1.094)
Industry Effect	Yes Yes Yes	Yes Yes Yes
Obs	460 462 461	990 989 984
Pseudo R^2	0.058 0.042 0.048	0.015 0.014 0.014

注：括号内为对应回归系数的 t 值，且已经过稳健性调整。***、**和*分别表示在1%、5%和10%的显著性水平上拒绝零假设。

由表12可以看出，对于无分析师关注的企业，当前的捐款行为与未来的业绩呈现较为显著的正相关关系，说明企业由于更了解自身业绩在未来的转变，会通过捐款这一事件向外界传递积极信号。而对于有分析师关注的企业，仅当使用净资产收益率作为企业业绩的衡量指标时才表现出正相关关系，说明企业因为知晓未来业绩变好而在此时进行捐款的意向较弱。

这表明，无分析师关注的企业可能并不仅仅只是想借助捐款事件制造短暂的噱头，以获得分析师、媒体以及投资者的关注。相反，这类捐款企业可能的确在企业业绩上有所改善，并期望借助捐款事件向外界披露有关公司积极方面的信号，以帮助企业在未来受到更多的关注并持续发展。[1]

（四）稳健性检验

在本部分，我们主要从以下几个方面进行了稳健性检验：

首先，考虑到仅使用2008年一年的分析师关注数据来区分上市公司是否受到分析师关注可能会有偏误。因此，我们重新设定判断标准：若上市公司在2007年和2008年两年均受到分析师关注，则Coverage取值为1；若上市公司在2007年和2008年两年均未受到分析师关注，则Coverage取值为0。然后，我们

---

[1] 审稿人指出，扩展性检验的部分可能推翻了之前的结论。我们认为，业绩转好与前文所说的提高外界关注之间并不矛盾，正因为企业的业绩也处于转好的阶段，在此时获取外界的关注显得尤为重要，从而企业，特别是缺乏关注的企业，会通过捐款这一事件来获得更多的关注。因此，我们认为表11与之前的结论并不存在绝对矛盾的关系。感谢审稿人指出的问题。

重新对上述检验进行回归,结果显示,除少数变量出现显著性下降之外,结论并没有实质性的改变。具体回归结果如表13至表15所示。此外,在衡量企业业绩方面,我们还利用资产收益率ROA来进行检验,结果仍然一致。限于篇幅,这里不再列出。总体而言,我们认为本文的结果是较为稳健的。

表13 稳健性检验1

变量	无分析师关注(Coverage = 0)					
	F1_Coverage	F2_Coverage	News_2009	F1_Amihud	F1_Fund	F2_Holder
Donate	0.829**	0.773**	0.173	-0.0002***	0.000	0.070**
	(2.428)	(2.201)	(1.600)	(-2.643)	(0.342)	(1.997)
SOE	0.406	0.079	-0.202***	0.000	-0.000	-0.049**
	(1.575)	(0.334)	(-2.714)	(0.831)	(-0.241)	(-1.996)
Size	0.913***	0.430***	0.125***	-0.000***	0.001**	0.081***
	(5.055)	(2.679)	(2.781)	(-5.890)	(2.232)	(3.962)
Lev	-1.503**	-0.318	-0.098	0.001**	-0.002	-0.073
	(-2.316)	(-0.524)	(-0.578)	(2.166)	(-1.428)	(-1.063)
Age	-0.184***	-0.187***	0.005	-0.000	0.000	0.007*
	(-4.695)	(-4.924)	(0.575)	(-1.083)	(0.807)	(1.859)
SUE	0.229**	0.181*	0.013	0.000	0.000	-0.004
	(2.137)	(1.764)	(0.447)	(0.202)	(0.509)	(-0.370)
Largest	-1.031	-0.261	-0.228	0.001**	0.001	-0.221**
	(-1.085)	(-0.316)	(-0.915)	(2.322)	(0.433)	(-2.273)
Dual	-0.197	-0.619**	-0.220***	-0.000	0.000	-0.005
	(-0.602)	(-2.130)	(-2.922)	(-0.531)	(0.111)	(-0.171)
Ind_Ratio	-3.691	-0.081	0.931	0.000	0.011	0.369
	(-1.255)	(-0.035)	(1.412)	(0.647)	(1.290)	(1.449)
Beta	0.161	-1.454**	0.432**	-0.000	0.000	-0.005
	(0.225)	(-2.110)	(2.039)	(-0.643)	(0.342)	(-0.060)
StdRet	-10.421	7.352	-0.236	-0.009***	0.022	0.579
	(-1.311)	(0.958)	(-0.114)	(-3.339)	(0.956)	(0.675)
Ret	238.567**	185.273*	36.661	-0.035	0.622*	3.949
	(2.330)	(1.677)	(1.307)	(-1.497)	(1.763)	(0.317)
News_2008	0.396***	0.534***	0.679***	-0.000	-0.000	0.011
	(2.765)	(3.893)	(19.665)	(-1.344)	(-0.469)	(0.710)

(续表)

变量	无分析师关注(Coverage = 0)					
	F1_Coverage	F2_Coverage	News_2009	F1_Amihud	F1_Fund	F2_Holder
ROE_2008h1	-1.448	-0.046	-0.709*	-0.001	0.003	0.540**
	(-0.797)	(-0.030)	(-1.701)	(-0.629)	(0.842)	(2.243)
Fund_2008h1	44.649**	15.302	-4.153	-0.005*	0.605***	3.480**
	(2.367)	(0.956)	(-0.922)	(-1.966)	(4.166)	(2.226)
Amihud_2008h1	326.453	-65.438	111.735	0.240	0.862	-20.649
	(1.130)	(-0.232)	(1.460)	(1.540)	(1.215)	(-0.758)
Holder_2008h1						0.825***
						(30.572)
Constant	-15.778***	-8.177**	-1.937*	0.006***	-0.031**	-0.109
	(-4.041)	(-2.211)	(-1.895)	(6.556)	(-2.320)	(-0.308)
Industry Effect	Yes	Yes	Yes	Yes	Yes	Yes
Obs	405	401	409	406	409	409
Pseudo R^2/Adj_R^2	0.217	0.167	0.509	0.238	0.228	0.902

注:括号内为经过稳健性调整的 z 值或 t 值。***、**和*表示在1%、5%和10%的水平上拒绝零假设。

表14 稳健性检验2

变量	有分析师关注(Coverage = 1)					
	F1_Coverage	F2_Coverage	News_2009	F1_Amihud	F1_Fund	F2_Holder
Donate	-0.146	0.364	0.047	0.000	0.008**	-0.046*
	(-0.348)	(0.499)	(1.046)	(0.169)	(2.580)	(-1.737)
SOE	0.214	0.161	0.102*	0.000	0.000	-0.035
	(0.505)	(0.258)	(1.802)	(1.402)	(0.110)	(-1.153)
Size	0.798**	1.664***	0.067**	-0.000***	0.005**	0.126***
	(1.968)	(3.123)	(2.328)	(-4.774)	(2.551)	(5.501)
Lev	-0.559	-1.169	0.025	0.000	-0.038***	-0.281***
	(-0.385)	(-0.579)	(0.151)	(1.254)	(-4.244)	(-3.442)
Age	-0.160***	0.077	0.004	-0.000*	0.001	-0.004
	(-2.717)	(0.790)	(0.689)	(-1.694)	(1.502)	(-1.097)
SUE	-0.246	0.322	-0.031	-0.000	-0.004**	-0.024**
	(-1.420)	(1.200)	(-1.641)	(-0.720)	(-2.478)	(-2.178)
Largest	3.063**	-2.073	0.023	0.000**	-0.023**	-0.333***
	(2.261)	(-1.089)	(0.140)	(2.088)	(-2.255)	(-3.719)

(续表)

变量	有分析师关注(Coverage = 1)					
	F1_Coverage	F2_Coverage	News_2009	F1_Amihud	F1_Fund	F2_Holder
Dual	0.774	1.255	0.055	-0.000	-0.005	0.012
	(1.617)	(1.229)	(0.830)	(-0.977)	(-1.238)	(0.319)
Ind_Ratio	-2.356	-4.822	0.108	0.000	0.015	0.133
	(-0.690)	(-1.096)	(0.267)	(0.323)	(0.670)	(0.623)
Beta	2.042	1.841	0.022	0.000	0.029***	0.025
	(1.611)	(0.821)	(0.158)	(0.641)	(2.667)	(0.291)
StdRet	-31.270**	12.587	-2.695	-0.003**	-0.295**	0.664
	(-2.046)	(0.488)	(-1.593)	(-2.431)	(-2.419)	(0.671)
Ret	528.586***	377.796	49.826***	-0.005	15.791***	-8.948
	(3.378)	(1.490)	(3.214)	(-0.678)	(12.099)	(-1.040)
News_2008	0.772***	0.498*	0.800***	-0.000	0.002	0.026**
	(4.219)	(1.783)	(40.683)	(-1.631)	(1.063)	(2.195)
ROE_2008h1	28.306***	49.309***	-0.245	0.000	-0.027	0.871***
	(3.827)	(3.570)	(-0.608)	(0.823)	(-0.718)	(2.782)
Fund_2008h1	16.729***	6.447	-0.205	-0.000	0.850***	0.792***
	(2.963)	(1.222)	(-0.854)	(-1.604)	(41.513)	(4.109)
Amihud_2008h1	-1211.046	2544.258	-36.407	0.742***	-2.156	-70.563
	(-1.226)	(0.872)	(-0.199)	(2.977)	(-0.152)	(-0.413)
Holder_2008h1						0.729***
						(26.536)
Constant	-12.633	-18.253	-1.298**	0.002***	-0.104**	0.426
	(-1.579)	(-1.526)	(-1.994)	(4.970)	(-2.329)	(1.081)
Industry Effect	Yes	Yes	Yes	Yes	Yes	Yes
Obs	652	602	803	803	803	803
Pseudo R^2/Adj_R^2	0.418	0.435	0.694	0.266	0.874	0.872

注:括号内为对应回归系数的 t 值,且已经过稳健性调整。***、**和*分别表示在1%、5%和10%的显著性水平上拒绝零假设。

表 15　稳健性检验 3

变量	ROE		ROS	
	ROE_2008	ROE_2009	ROS_2008	ROS_2009
Donate	0.050***	0.041	0.058***	0.052**
	(3.208)	(1.547)	(2.773)	(2.264)
Coverage	0.037***	0.065***	0.040***	0.074***
	(3.362)	(3.963)	(2.878)	(3.845)
Donate × Coverage	-0.037**	-0.037	-0.049**	-0.051**
	(-2.186)	(-1.356)	(-2.282)	(-2.041)
SOE	-0.005	-0.022*	0.010	-0.024*
	(-0.535)	(-1.798)	(0.788)	(-1.680)
Size	0.004	-0.010	0.022**	-0.005
	(0.747)	(-1.123)	(2.573)	(-0.541)
Lev	-0.224***	-0.100*	-0.121**	-0.202***
	(-6.275)	(-1.935)	(-2.576)	(-3.523)
Age	0.000	-0.001	-0.000	-0.000
	(0.434)	(-0.900)	(-0.110)	(-0.278)
SUE	0.014***	0.003	-0.002	0.014**
	(4.356)	(0.707)	(-0.341)	(2.290)
Largest	0.031	0.058*	0.086**	0.058
	(1.176)	(1.656)	(2.288)	(1.365)
Dual	-0.006	-0.029*	0.004	-0.016
	(-0.692)	(-1.773)	(0.295)	(-0.756)
Ind_Ratio	0.056	-0.029	-0.042	0.028
	(0.874)	(-0.299)	(-0.395)	(0.229)
Beta	-0.023	-0.059	-0.080	0.050
	(-0.720)	(-1.479)	(-1.350)	(1.000)
StdRet	-0.094	0.135	0.131	0.616
	(-0.339)	(0.274)	(0.391)	(1.262)
Ret	10.491***	14.366***	6.874	12.837***
	(3.980)	(3.888)	(1.402)	(3.206)
News_2008	0.001	0.027***	-0.012*	0.031***
	(0.329)	(4.864)	(-1.861)	(4.099)
ROE_2008h1	1.484***	0.431**		
	(12.270)	(2.473)		

(续表)

变量	ROE		ROS	
	ROE_2008	ROE_2009	ROS_2008	ROS_2009
ROS_2008h1			0.846***	0.122
			(6.963)	(1.233)
Fund _2008h1	0.063*	0.115**	0.042	0.063
	(1.667)	(2.171)	(1.002)	(1.375)
Amihud_2008h1	32.813	−47.174	54.530	54.014
	(1.307)	(−0.962)	(0.884)	(0.702)
Constant	−0.054	0.171	−0.373**	0.003
	(−0.455)	(0.931)	(−2.072)	(0.014)
Industry Effect	Yes	Yes	Yes	Yes
Obs	1 207	1 194	1 211	1 201
Adj_R^2	0.559	0.247	0.531	0.214

注:括号内为对应回归系数的 t 值,且已经过稳健性调整。***、**和*分别表示在1%、5%和10%的显著性水平上拒绝零假设。

五、结 论

以往的文献表明,分析师关注对企业起到了至关重要的影响作用。然而,对于被分析师"忽视"的企业却鲜有研究。本文以我国上市公司在汶川地震后的捐款行为为分析对象,首次在中国资本市场上考察被"忽视"的企业是否会借助捐款这一事件重新获得分析师、媒体以及投资者的关注。

文章发现,捐款行为确实能够帮助上市公司在未来吸引分析师和媒体的关注,且这种影响作用只体现在完全没有分析师关注的企业当中。在无分析师关注的样本中,捐款行为能够提升上市公司股票在未来的流动性、基金持股比例和持股股东户数,但该影响作用仅体现在较短期内,长期影响均不显著。相对地,在有分析师关注的样本中,捐款行为仅能提高股票未来的基金持股比例。

在扩展性检验部分,我们进一步考察了企业业绩,发现相对于有分析师关注的企业而言,有捐款行为的无分析师关注的上市公司在企业业绩方面提升程度更高。这在一定程度上反映出,无分析师关注的企业可能并不仅仅只是想借助捐款事件制造短暂的噱头以获得分析师、媒体以及投资者的关注。相反,这类捐款企业可能的确在企业业绩上有所改善,并期望借助捐款事件向外界披露有关公司积极方面的信号,以帮助企业在未来受到更多的关注并持续发展。

然而,尽管缺乏关注的企业可能期望通过捐款以向外界传递自身业绩好转的积极信号,但我们的结果发现,投资者对于企业的关注仍然仅存在于短期。这也在一定程度上说明,我国投资者在投资过程中还存在着非理性的投资行为。本文的另一个目的,是希望对投资者在投资策略上的选择提供指导意见,即在投资过程中,对于企业的选择要更为理性,要了解企业的基本面价值。

总体而言,本文的结论有助于进一步理解分析师对企业的影响以及企业自身的捐款动机,同时对投资者在投资策略上的选择也具有一定的指导意义。

参 考 文 献

[1] 姜超,2013,证券分析师、内幕消息与资本市场效率——基于中国 A 股股价中公司特质信息含量的经验证据,《经济学(季刊)》,第 2 期,第 429—452 页。

[2] 梁丽珍、孔东民,2008,中国股市的流动性指标定价研究,《管理科学》,第 3 期,第 85—93 页。

[3] 山立威、甘犁、郑涛,2008,公司捐款与经济动机——汶川地震后中国上市公司捐款的实证研究,《经济研究》,第 11 期,第 51—61 页。

[4] 谭伟强,2008,流动性与盈余公告后价格漂移研究,《证券市场导报》,第 9 期,第 30—37 页。

[5] 温忠麟、侯杰泰、张雷,2005,调节效应与中介效应的比较和应用,《心理学报》,第 2 期,第 268—274 页。

[6] 吴超鹏、郑方镳、杨世杰,2013,证券分析师的盈余预测和股票评级是否具有独立性?《经济学(季刊)》,第 3 期,第 935—958 页。

[7] 吴世农、吴超鹏,2005,盈余信息度量、市场反应与投资者框架依赖偏差分析,《经济研究》,第 2 期,第 54—62 页。

[8] 伍燕然、潘可、胡松明、江婕,2012,行业分析师盈利预测偏差的新解释,《经济研究》,第 4 期,第 149—160 页。

[9] 徐莉萍、辛宇、祝继高,2011,媒体关注与上市公司社会责任之履行——基于汶川地震捐款的实证研究,《管理世界》,第 3 期,第 135—143 页。

[10] 徐欣、唐清泉,2010,财务分析师跟踪与企业 R&D 活动——来自中国证券市场的研究,《金融研究》,第 12 期,第 173—189 页。

[11] 薛祖云、王冲,2011,信息竞争抑或信息补充:证券分析师的角色扮演——基于我国证券市场的实证分析,《金融研究》,第 11 期,第 167—182 页。

[12] 杨德明、林斌、辛清泉,2007,盈利质量、投资者非理性行为与盈余惯性,《金融研究》,第 2 期,第 122—132 页。

[13] 朱红军、何贤杰、陶林,2007,中国的证券分析师能够提高资本市场的效率吗——基于股价同步性和股价信息含量的经验证据,《金融研究》,第 2 期,第 110—121 页。

[14] Amihud, Y., 2002, Illiquidity and stock returns: Cross-section and time-series effects, *Journal of Financial Markets*, 5(1):31—56.

[15] Barth, M. and A. Hutton, 2004, Analyst earnings forecast revisions and the pricing of accruals, *Review of Accounting Studies*, 9(1):59—96.

[16] Barth, M. E., R. Kasznik and M. F. McNichols, 2001, Analyst coverage and intangible assets, *Journal of Accounting Research*, 39(1):1—34.

[17] Bushee, B. J. and G. S. Miller, 2012, Investor relations, firm visibility, and investor following, *The Accounting Review*, 87(3):867—897.

[18] Chan, K. and A. Hameed, 2006, Stock price synchronicity and analyst coverage in emerging markets, *Journal of Financial Economics*, 80(1):115—147.

[19] Cliff, M. T. and D. J. Denis, 2004, Do initial public offering firms purchase analyst coverage with underpricing? *The Journal of Finance*, 59(6):2871—2901.

[20] Demiroglu, C. and M. Ryngaert, 2010, The first analyst coverage of neglected stocks, *Financial Management*, 39(2):555—584.

[21] Derrien, F. and A. KecskÉS, 2013, The real effects of financial shocks: Evidence from exogenous changes in analyst coverage, *The Journal of Finance*, 68(4):1407—1440.

[22] Dhaliwal, D. S., O. Z. Li, A. Tsang and Y. G. Yang, 2011, Voluntary nonfinancial disclosure and the cost of equity capital: The initiation of corporate social responsibility reporting, *The Accounting Review*, 86(1):59—100.

[23] Dhaliwal, D. S., S. Radhakrishnan, A. Tsang and Y. G. Yang, 2012, Nonfinancial disclosure and analyst forecast accuracy: International evidence on corporate social responsibility disclosure, *The Accounting Review*, 87(3):723—759.

[24] Easley, D., M. O'Hara and J. Paperman, 1998, Financial analysts and information-based trade, *Journal of Financial Markets*, 1(2):175—201.

[25] Gu, Z., Z. Li and Y. G. Yang, 2012, Monitors or predators: The influence of institutional investors on sell-side analysts, *The Accounting Review*, 88(1):137—169.

[26] Hasbrouck, J., 2003, Trading costs and returns for US equities: The evidence from daily data, working paper, New York University.

[27] Hong, H. and J. D. Kubik, 2003, Analyzing the analysts: Career concerns and biased earnings forecasts, *The Journal of Finance*, 58(1):313—351.

[28] Irvine, P. J., 2003, The incremental impact of analyst initiation of coverage, *Journal of Corporate Finance*, 9(4):431—451.

[29] Jegadeesh, N., J. Kim, S. D. Krische and C. M. C. Lee, 2004, Analyzing the analysts: When do recommendations add value? *The Journal of Finance*, 59(3):1083—1124.

[30] Kelly, B. and A. Ljungqvist, 2012, Testing asymmetric-information asset pricing models, *Review of Financial Studies*, 25(5):1366—1413.

[31] Kirk, M., 2011, Research for sale: Determinants and consequences of paid-for analyst research, *Journal of Financial Economics*, 100(1):182—200.

[32] Krigman, L., W. H. Shaw and K. L. Womack, 2001, Why do firms switch underwriters? *Journal of Financial Economics*, 60(2—3):245—284.

[33] Lang, M. H., K. V. Lins and D. P. Miller, 2004, Concentrated control, analyst following, and valuation: Do analysts matter most when investors are protected least? *Journal of Accounting Research*, 42(3):589—623.

[34] Lin, H.-w. and M. F. McNichols, 1998, Underwriting relationships, analysts' earnings forecasts and investment recommendations, *Journal of Accounting and Economics*, 25(1):101—127.

[35] Loh, R. K. and R. M. Stulz, 2011, When are analyst recommendation changes influential? *Review of Financial Studies*, 24(2):593—627.

[36] Merton, R. C., 1987, A simple model of capital market equilibrium with incomplete information, *The Journal of Finance*, 42(3):483—510.

[37] Michaely, R. and K. Womack, 1999, Conflict of interest and the credibility of underwriter analyst recommendations, *Review of Financial Studies*, 12(4):653—686.

[38] Mola, S., P. R. Rau and A. Khorana, 2012, Is there life after the complete loss of analyst coverage? *The Accounting Review*, 88(2):667—705.

[39] O'Brien P. C. and R. Bhushan, 1990, Analyst following and institutional ownership, *Journal of Accounting Research*, 28:55—76.

[40] Piotroski, J. D. and D. T. Roulstone, 2004, The influence of analysts, institutional investors, and insiders on the incorporation of market, industry, and firm-specific information into stock prices, *The Accounting Review*, 79(4):1119—1151.

[41] Roulstone D. T., 2003, Analyst following and market liquidity, *Contemporary Accounting Research*, 20(3):552—578.

[42] Yu, F., 2008, Analyst coverage and earnings management, *Journal of Financial Economic*, 88(2):245—271.

[43] Zhang, R., J. Zhu, H. Yue and C. Zhu, 2010, Corporate philanthropic giving, advertising intensity, and industry competition level, *Journal of Business Ethics*, 94(1):39—52.

Getting Attention from the Silence: Analyst Coverage and Corporate Donation

Yunhao Dai Dongmin Kong

(School of Economics, Huazhong University of Science and Technology)

Abstract Using data from corporate donation after Wenchuan earthquake, we investigate whether firms completely lose analyst coverage will get attention from analyst, media and investor based on the donation event for the first time. We find that, (1) only donation from firms completely lose analyst coverage does help listed firms to get attention from analyst and media in future; (2) for the firms lose analyst coverage, donation can improve stock liquidity, mutual fund ownership and the number of shareholders, and this effect is only reflected in short-term. While, for the firms with analyst coverage, donation can only enhance the mutual fund ownership in future; (3) for the firms' performance, we further find that, compared with firms that covered by analysts, the firms that lose analyst coverage and donate after the earthquake will improve performance much better.

Key Words Analyst Coverage, Motivation of Donation, Investor Recognition

JEL Classification G11, G14, G24

地方性金融机构设立的内生条件和攀比效应
——基于村镇银行的空间 Probit 模型分析

郭　峰[*]

摘　要　中国地方政府特别热衷于推动成立其能控制或干预的地方性金融机构,村镇银行是其中最新的代表。以村镇银行为例,我们考察了地方性金融机构设立的内生条件和各地区在成立地方性金融机构上存在的攀比效应。我们发现县市经济发展水平、政府财政自主度对村镇银行的成立有显著影响,地方性金融机构的设立存在一定的内生性。基于空间 Probit 模型的结果也表明,周边县市村镇银行的成立,会刺激本县市村镇银行的成立,地方性金融机构的设立存在攀比效应。我们的结论通过了稳健性分析和反事实推断。

关键词　地方性金融机构,晋升锦标赛,攀比效应,Probit 模型,空间计量模型

一、引　言

地方政府热衷于推动成立其能够控制或干预的地方性金融机构,是过去 20 年中国金融发展和改革的一个鲜明特征。从早期的城乡信用合作社、信托公司、证券公司等,再到后来的基于地方的股份制商业银行、城市商业银行,都属于这种地方性的金融机构(部分机构后来走向全国)。而在目前新一轮的农村金融改革中脱颖而出的村镇银行,也是此类地方性金融机构的最新代表。本文

---

[*] 郭峰,上海新金融研究院研究员,复旦大学经济学院博士研究生。通信作者及地址:郭峰,上海市黄浦区北京东路 280 号 701 室,200002;电话:021-33023255;E-mail:guofengsfi@163.com。本研究得到国家社会科学基金重大项目(项目编号:12&ZD074)和上海新金融研究院的科研资助。本文得益于与胡军博士、熊瑞祥博士等的讨论。本文曾在《金融学季刊》2014 年暑期研讨会上报告,感谢与会专家的评论。文责自负。

即以村镇银行为例,来分析地方性金融机构成立的内生条件,以及各地区在设立地方性金融机构上可能存在的攀比效应。

村镇银行起始于2006年以来我国启动的新一轮农村金融体制改革。这次改革的显著特点是放宽农村金融市场的资本准入,允许境内外银行资本、产业资本和民间资本到农村地区投资、收购、新设各类新型金融机构,主要包括村镇银行、贷款公司、资金互助社等,开展对农村的金融服务。但无论从计划目标还是从实际设立的情况来看,村镇银行都是新型农村金融机构中的主力军。2007年,在中西部地区六个省区进行短暂试点之后,国家就开始允许全国各地设立村镇银行,并鼓励中西部地区,特别是欠发达地区优先设立村镇银行。为此,银监会还实行了准入挂钩政策,平衡村镇银行的地域分配。[1]

但是,村镇银行的发展历程起初并不顺利。例如,根据银监会《2009—2011年新型农村金融机构工作安排》的设想,到2011年年末全国规划建设1 027家村镇银行,但根据我们整理的数据,到2011年年末,全国仅成立了679家村镇银行。[2] 不过,最近几年村镇银行的成立速度有所加快,到2013年年末,全国已经成立村镇银行1 086家。并且,根据2014年中央最新的"一号文件",未来将"积极发展村镇银行,逐步实现县市全覆盖"。[3] 一些省区也出台了本省鼓励村镇银行全覆盖的政策文件。[4]

因此,在村镇银行进入最后全覆盖之前,我们可以考察村镇银行的设立,除了主观意愿之外,还受制于哪些因素。为什么到目前为止一些县市成立了村镇银行,而另一些县市却没有成立?政策制定者所期望的村镇银行成立步伐为何没有实现?各县市在成立村镇银行上,是否存在策略互动?通过对这些问题的解答,我们也可以预估未来村镇银行全覆盖后可能存在的问题。我们主要考察县市经济社会的异质性特征,特别是经济发展水平和县市政府财政自主度在影响村镇银行成立上的作用。并且,基于空间Probit模型,我们还特别考察了各县市在成立村镇银行上可能存在的攀比效应,从而有助于我们理解在中国特色的

---

[1] 即"主发起人在规划内的全国百强县或大中城市市辖区发起设立村镇银行的,原则上与国定贫困县实行1∶1挂钩,或与中西部地区实行1∶2挂钩;在东部地区规划地点发起设立村镇银行的,原则上与国定贫困县实行2∶1挂钩,或与中西部地区实行1∶1挂钩"。

[2] 详细的数据介绍见下文。

[3] 中共中央、国务院,《关于全面深化农村改革加快推进农业现代化的若干意见》,中发〔2014〕1号,2014年1月19日。

[4] 如福建省:《关于加快村镇银行组建和发展的指导意见》,闽政办〔2013〕99号,2013年8月4日。

政治经济体制下,地方性金融机构的设立和攀比所遵循的逻辑。

本文其余部分结构安排如下:第二部分是文献综述;第三部分对村镇银行设立现状进行简述;第四部分介绍空间 Probit 模型、空间权重矩阵的设定和数据来源;第五部分是实证结果;最后一部分是总结性评论。

二、文献综述

20 世纪 90 年代末,国有商业银行从农村地区批量撤出之后,农村信用合作社就成为农村地区最主要的金融机构(刘民权等,2005)。但是,虽然开展了多轮农信社改革,但农村地区金融短缺问题依然没有得到有效解决(谢平,2001;刘民权等,2005;谢平等,2006)。并且,农村邮政储蓄的迅猛发展也加剧了农村金融资源的外流(谢平和徐忠,2006)。国家鼓励成立以村镇银行为代表的新型农村金融机构,就是在我国农村金融资源严重短缺的情况下,根据包容性金融或普惠性金融原理开展的重大创举(Sarma and Pais,2011)。

农村地区缺乏金融服务是一种金融排斥,这在世界范围内都是一个普遍现象(Demirguc-Kunt et al.,2007)。在造成金融排斥的众多因素当中,区域宏观经济环境特别是经济发展水平无疑是最为重要的因素之一(Kempson and Whyley,1999;Amaeshi et al.,2007)。这在关于中国农村金融排斥的研究中,也得到了证实(董晓林和徐虹,2012;谭燕芝等,2014)。基于这一原因,虽然国家出台了政策,鼓励各县市成立村镇银行,但我们仍有必要评估各县市的经济社会条件是否对其成立村镇银行有系统性的影响。评估的价值在于认清哪些县市适宜成立村镇银行,哪些地区如果不满足成立村镇银行的条件而强行成立,则可能会出现问题。这对于未来村镇银行的全覆盖政策有直接的参考价值,实际上,已经有研究者质疑了村镇银行的可持续性(洪正,2011)。

此外,在中国特色的政治经济体制下,作为地方政府可以有效控制或干预的地方性金融机构,村镇银行的成立深深地打上了地方政府的烙印。[1] 县市地方政府在推动成立村镇银行上的积极性,就来源于作为一种地方性金融机构,村镇银行的成立将有望有力地促进当地经济增长(郭峰,2014b)。而在我国

---

[1] 一个直观表现是在某地村镇银行成立前,往往会成立以县市主要领导为负责人的"领导小组"、"协调小组"等来主导村镇银行的筹备事宜,例如北京市房山区:http://www.bjfsh.gov.cn/zwgk/zf-wj/95555.html。

现行官员考核机制下,拥有良好的经济增长表现被认为是地方官员能够获得晋升的重要前提(Li and Zhou,2005;周黎安,2004,2007;张军,2007;王贤彬和徐现祥,2008;Xu,2011)。在官员晋升压力下产生的围绕经济增长的竞争,具体表现在投资竞争上,而投资竞争又最终靠金融资源来支持,这就激起了地方政府干预辖区金融机构,或建立地方性金融机构的积极性(巴曙松等,2005;钱先航等,2011;李维安和钱先航,2012;纪志宏等,2014;郭峰,2014b)。大型银行在县市开设分支机构后,可以跨区域调配金融资源,而村镇银行只能在注册县市开展业务,不能跨县市开展业务,因此县市政府在设立村镇银行上可能会表现出更强的攀比和竞争效应(郭峰和龙硕,2014)。

县市政府围绕成立村镇银行存在的攀比效应使得某县市村镇银行的成立不仅依赖于本县市的经济社会条件,也依赖于周边县市是否成立了村镇银行,从而使得村镇银行的设立具有了空间交互性。而最近几年发展起来的空间Probit模型就恰好为识别这种空间交互性提供了恰当的计量方法。国际上,已经有不少学者在实证研究中使用了这种空间Probit模型,例如美国总统选举得票率(Smith and LeSage,2004)、是否开征财产税(Fiva and Rattso,2007)、地方法律制度(Crowley,2012)、环境治理时的支付意愿(Loomis and Mueller,2013),等等。不过,在国内文献中使用这种方法的还不多,邓明和郭鹏辉(2011)使用这种方法研究了货币危机的"交叉传染",朱钧钧等(2012)使用这种方法研究了债务危机的预警机制。在本文中,我们即使用这种空间Probit模型来识别各县市在成立村镇银行上可能存在的攀比效应。

三、村镇银行设立情况

县域金融需求受抑制、供给不足是制约我国县域经济和农村经济发展的瓶颈之一。为缓解县域地区金融供给不足问题,增强农村经济活力,2006年年底,银监会放宽了农村地区银行业金融机构的准入标准[1],允许境内外银行资本、产业资本和民间资本投资农村金融机构。2007年1月,银监会正式发布了《村镇银行管理暂行规定》,将设立村镇银行作为缓解农村金融抑制、增加金融供给、增强农村金融机构活力的重要措施。自2007年3月四川仪陇惠民村镇银

---

[1] 中国银行业监督管理委员会,《关于调整放宽农村地区银行业金融机构准入政策 更好支持社会主义新农村建设的若干意见》,银监发〔2006〕90号,2006年12月20日。

行正式开业以来,村镇银行在我国陆续出现,成为农村金融市场的一支新生力量。以中国银监会发放的金融许可证为统计标准[1],到2013年年底,我国共成立村镇银行1 086家。[2] 图1显示了2007—2013年各年年末全国村镇银行的数量。

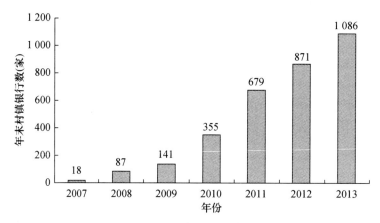

图1　2007—2013年年末村镇银行数量

然而,村镇银行的设立经历了一个由冷到热的过程。最初,银监会将村镇银行限定于中西部及欠发达县域农村地区,发展前景不明朗,大中型金融机构发起设立村镇银行的热情不高,村镇银行数量增长缓慢。例如,截至2010年年末,村镇银行数量仅为355家,这与监管部门规划的2010年村镇银行大提速、2011年成立1 027家的目标相去甚远。限制逐渐放宽后,村镇银行的设立才稍有提速。2011—2013年平均每年新设村镇银行244家,显著高于之前四年平均每年89家的速度。[3]

现有村镇银行在全国的分布也很不平衡。村镇银行的设立,起初仅限于"中西部、东北和海南省的县(市)及县(市)以下地区,以及其他省(区、市)的国定贫困县和省定贫困县",首批试点选择在"四川、青海、甘肃、内蒙古、吉林、湖

---

[1]　本文关于村镇银行成立时间和地点的所有信息均来自中国银监会官方网站公示的"金融许可证"发放信息。
[2]　在村镇银行中,有一类是总分行制的地级市村镇银行,我们将这类村镇银行在某县(市)开始的第一家支行视为该县的村镇银行。如果剔除这类支行,截至2013年年末,我国村镇银行数共计1 001家。
[3]　在我们整理数据时的2014年4月底,我们从网络上又查询到另有至少92家村镇银行获批开业或筹建。

北6省(区)"[1]。然而,如表1所示,截至2013年年末,村镇银行却主要分布在东部和中部地区,在西部地区则较少。

表1 各省村镇银行个数和县市区覆盖率

省份	个数(个)	覆盖率(%)	省份	个数(个)	覆盖率(%)
北京	10	56.25	湖北	36	33.98
天津	8	50.00	湖南	33	26.23
河北	44	25.43	广东	32	19.51
山西	35	26.89	广西	51	44.04
内蒙古	62	50.50	海南	9	40.00
辽宁	60	57.00	重庆	30	76.32
吉林	31	50.00	四川	65	33.52
黑龙江	22	17.19	贵州	37	40.91
上海	9	44.44	云南	36	26.36
江苏	66	63.73	西藏	1	1.37
浙江	64	67.78	陕西	12	10.28
安徽	55	50.00	甘肃	16	18.60
福建	31	36.47	青海	1	2.33
江西	47	44.00	宁夏	9	40.91
山东	77	54.29	新疆	18	16.16
河南	79	45.91	全国	1 086	35.80

注:在计算覆盖率时,剔除了一个县域有多个村镇银行及地级市村镇银行的情形。

从表1中我们也可以看出,在县市区层面,村镇银行覆盖率超过50%的省市中,只有重庆、内蒙古位于中西部地区,其他8个省市均位于东部地区。从县市层面来讲,虽然大量县市目前仍没有成立村镇银行,但全国共有42个县(市、区)设立了两家以上的村镇银行,其中鄂尔多斯市的东胜区村镇银行多达5家,扎堆现象突出。

"村镇银行不村镇"现象突出。表2显示,截至2013年年末,554个普通县成立了572家村镇银行,占全部普通县的比例为34%,而相对应的是243个县级市成立了253家村镇银行,占全部县级市的比例为65%。换言之,经济发展水平、城镇化水平相对更高的县级市,成立村镇银行的倾向比普通县要高出一

---

[1] 中国银行业监督管理委员会,《关于调整放宽农村地区银行业金融机构准入政策 更好支持社会主义新农村建设的若干意见》,银监发[2006]90号,2006年12月20日。

大截。此外,还有261家村镇银行位于市辖区或为地级市村镇银行。"村镇银行不村镇"现象可见一斑。

表2 各省村镇银行个数和县市区覆盖率

	村镇银行数	涉及县市区数	覆盖率(%)
市辖区	247	225	26.41
县级市	253	243	65.32
普通县	572	554	33.95
其他	14		

四、计量模型及估计方法

(一) 实证模型与估计方法

因为传统Probit模型只是空间Probit模型的一个特例,因此我们这里主要介绍空间Probit模型的构造和估计方法。各县市在成立村镇银行上的攀比,使得村镇银行的成立具有一定的空间交互性[1],而传统Probit模型已经无法处理这种空间交互性。新近发展的空间Probit模型为分析观测单位之间的空间相互影响提供了一个很好的技术基础。空间计量模型的空间矩阵能够构造村镇银行攀比特征。本文构建一个空间Probit模型对村镇银行的交叉攀比及其攀比机制进行检验。具体而言,空间Probit模型可表示为:

$$Y^* = \rho WY^* + X\beta + \varepsilon \quad (1)$$

$$Y = \begin{cases} 0, & \text{if } Y^* < 0 \\ 1, & \text{if } Y^* \geq 0 \end{cases} \quad (2)$$

其中,Y是村镇银行成立的度量,即如果i县成立了村镇银行,则y_i就为1,否则为0,Y^*是潜在变量,它与Y的关系如(2)式所示。这个变量的加入纯粹为了计量估计,这种估计技术也叫做Data Augmentation。W为给定的$n \times n$阶空间权重矩阵,其元素w_{ij}表示地区i和地区j之间的空间关系。WY^*是空间滞后项(spatial lag),由于W的主对角线为0,且是行标准化的常数矩阵,所以空间滞后项$w_{ij}y_j$可以解释为除去地区i以外其他所有相邻地区成立村镇银行的平均倾

---

[1] 当然,这种空间关系不仅限于传统的地理空间,也包括经济空间、社会关系空间,等等。

向。X是控制县域经济社会特征的协变量,包括人均 GDP、人口密度、是否县级市、是否贫困县等变量。ε 则代表误差项。β 和 ρ 均为模型待估参数,其中 β 刻画了县市经济特征等对县市村镇银行成立的影响;ρ 则为村镇银行攀比程度的度量,是本文最为关注的变量。我们实证研究的主要目的就是估计 ρ 的大小并检验其是否显著不为 0。如果 ρ 显著为正,则说明村镇银行的成立存在攀比效应。

关于空间 Probit 模型的估计方法,我们使用基于 Bayesian Gibbs 抽样的 Markov Chain Monte Carlo(MCMC)方法(LeSage,2000;Smith and LeSage,2004;LeSage and Pace,2009;Lacombe and Lesage,2013)。[1]

(二) 空间权重矩阵的构造

准确度量个体之间的空间相关关系、构造恰当的空间权重矩阵 W 是空间计量实证研究的关键。构造空间权重矩阵的一个核心问题是界定邻居集合的定义,各县市在成立村镇银行上的攀比效应通过它可以得到体现。正如上文所述,WY 可以定义为对本地区是否成立村镇银行有影响的其他相关地区村镇银行的某种加权平均,通过它将地区间金融扩张的相互影响正式纳入模型。

具体而言,同属一个地市的各县市官员同属一个共同上级,在自上而下的官员任命和考核体制下,就构成了最直接的竞争关系。此外,同属一个地市的各县市也经常参加共同上级政府组织的活动,彼此之间也相互熟悉,为相互模仿和竞争创造了条件。因此,我们主要使用行政相邻矩阵来识别各县市在成立村镇银行上可能存在的攀比效应。具体而言,行政相邻矩阵元素可定义为:

$$\begin{cases} w_{ij} = 1, & \text{如果 } i \text{ 县市和 } j \text{ 县市属同一地市} \\ w_{ij} = 0, & \text{其他} \end{cases} \quad (3)$$

这样,WY 表示的就是某县市所在地市内其他县市成立村镇银行的平均倾向。如果竞争和攀比效应存在,这些同属一个地市的其他县市成立村镇银行时,在标尺竞争压力下,本县市成立村镇银行的可能性也会加大,即 ρ 应该显著为正。最后,在空间权重矩阵构造完成后,我们对其进行标准化(row-normaliza-

---

[1] 具体而言,我们实施 1 200 次抽样,将前 200 次退化舍去,Gibbs 取样器步长取 1。更多技术性讨论和 Matlab 程序可参见 LeSage and Pace(2009)提供的教科书第 10 章。

tion) 处理, 保证空间权重矩阵每行元素之和等于 1, 从而元素就具有了权重的含义。

(三) 数据和统计描述

与上一节描述性分析时使用的完整数据不同, 在进行回归分析时, 基于管理体制不同和数据可得性等考虑, 我们剔除了四个直辖市、海南省、西藏自治区和所有市辖区。这样, 我们的样本共包含了 25 个省、313 个地市的 1 877 个县市。在这 1 877 个县市中, 共有 762 个县市在 2013 年年末之前成立了村镇银行。[1] 当然, 具体每次回归中包含的样本也不尽相同, 例如在使用行政相邻矩阵进行回归时, 还要删除只辖一个县市, 从而产生孤岛效应的地市。[2]

关于县市经济社会特征, 我们主要关注县市的经济发展水平和县市政府财政自主度。

人均 GDP(lnprgdp): 关于金融发展和经济增长之间的关系, 始于 Schumpter (1911) 的开创性研究就认为金融部门的发展为企业家的借贷提供了便利, 从而提高了人均收入水平。尽管这一观点得到了之后大量文献的证实 (如 King and Levine, 1993; Levine and Zervos, 1998), 但仍有 Lucas(1988) 等人认为经济学家们过分强调了金融因素在经济增长中的作用, 他们认为, 经济发展会创造对金融服务的需求, 这种需求导致金融部门的发展, 因此是经济增长带动金融发展, 而不是相反。显然这两种观点都有一定的道理, 金融发展和经济增长存在相互促进的关系。为了反映村镇银行的成立和经济发展水平之间的关系, 本文以人均 GDP(对数值) 作为县市经济发展水平的度量。为了考察经济发展水平与村镇银行的成立可能存在的非线性关系, 我们也加入了人均 GDP 的平方项。[3]

财政自主度(govauto): 财政和金融都是地方政府用于促进经济增长的资源 (郭峰, 2014a)。1994 年的分税制改革使地方政府发展经济及竞争资源的积极性被调动起来, 同时也使财政收入集中于中央政府, 而支出仍主要由地方政府承担, 地方政府的财政赤字开始增加。此时, 作为财政替代的金融资源就成

---

[1] 对于一个县市先后成立多家村镇银行的情形, 我们以其第一家村镇银行的成立时间为该县市村镇银行的成立时间。
[2] 每次具体回归时的样本个数参见下文回归表格。
[3] 这里感谢审稿人的建设性意见。

为地方政府建设资金的重要渠道,即依靠金融功能的财政化来替代弱化的财政功能(周立,2003;谢平和徐忠,2006)。因此,分税制改革使地方政府加大了对当地银行信贷决策的干预和影响(张军和金煜,2005;陈刚等,2006)。在本文,我们使用财政自主度(地方财政收入/地方财政支出)来度量县级政府财政状况,该指标比"收入指标"和"支出指标"更能反映财政分权程度的跨区域差异(陈硕和高琳,2012)。

此外,借鉴郑志刚和邓贺斐(2010)、郭峰和龙硕(2014)等研究地区金融的文献,我们也选取了以下控制变量:

产业结构(gdps):相对而言,工业比农业和服务业对金融需求更多,从而不同县域不同的产业结构有可能成为村镇银行成立的重要经济背景。因此,我们用第二产业在 GDP 中的比重来度量各地区的产业结构。

人口密度(lnpopden):人口密度大的地区,金融需求应该更高,从而村镇银行成立的可能性也就越大。

人均固定资产投资(lnprinv):固定资产投资是金融机构的重要贷款去向,如果要得到干净的"邻居"效应,不同地区不同的投资水平因素也必须得到控制。

医院床位数(hospital):为了反映当地公共服务的发展水平,我们用每万人医院床位数来作为控制变量。

到省会城市距离(distcap):为了反映村镇银行的成立所受到的政策影响,我们也控制了县市与省市之间的距离及其平方。此外,我们也选取了是否西部地区、是否中部地区、是否县级市、是否国家级贫困县等几个虚拟变量。

基于模型设置的需要和数据可得性考虑,对于县域经济特征变量,我们主要选取了 2006 年和 2010 年两年的数据。为了剔除价格因素的影响,贷款余额、人均 GDP、固定资产投资等名义值均经过各省农村 CPI 进行定基消胀,基期为 2005 年。除各省农村 CPI 数据来自《中国统计年鉴》外,其他县市经济社会特征数据均来自《中国县(市)经济社会统计年鉴》。表 3 为主要变量的说明和描述性统计,从中可以看出,我国各县市经济发展不平衡现象非常突出,这为我们的计量分析创造了条件。

表3 主要变量的说明和描述性统计

变量名	数据说明	均值	标准差	最小值	最大值
lnprgdp	实际人均GDP	9.0730	0.6715	7.4251	11.8401
second	第二次产业增加值/GDP	0.3994	0.1655	0.0357	0.9386
lnpopden	总人口/区划面积	5.0741	1.4199	−1.8983	7.7775
govauto	财政收入/财政支出	0.3258	0.2208	0.0113	1.2409
lnprinv	实际固定资产投资/总人口	7.8863	0.9664	4.1255	11.6267
hospital	医院床位数/万人	20.4416	12.9589	3.5333	288
distcap	到省会距离	280.7069	599.7911	5.9710	9 584.1

变量名	数据说明	是	否
czbank	村镇银行	762	1 115
west	西部地区	698	1 179
central	中部地区	496	1 381
city	县级市	356	1 521
poverty	国家级贫困县	556	1 121

注:变量前有"ln"表示该变量取对数。

五、实 证 结 果

(一) 基本回归结果

我们首先使用传统Probit模型分析县市本身经济社会特征如何影响村镇银行的成立。表4的第1列汇报了仅包含人均GDP及其平方项和财政自主度作为解释变量时的回归结果。回归结果显示,人均GDP与村镇银行的成立倾向有倒"U"形关系,人均GDP的增长会促进村镇银行的成立,但达到一定程度后,人均GDP的进一步增长反而会降低村镇银行的成立倾向。

表4 基本回归结果

	被解释变量:村镇银行,成立=1,否=0				
	(1)	(2)	(3)	(4)	(5)
	2007—2013	2007—2013	2007—2013	2011—2013	2013
ρ			0.4414***	0.4664***	0.4431***
			(0.0341)	(0.0377)	(0.0722)
lnprgdp	4.05418***	2.8767**	2.8067***	3.2863**	3.0436*
	(0.9535)	(1.1100)	(1.0834)	(1.5310)	(2.6779)

(续表)

	被解释变量:村镇银行,成立=1,否=0				
	(1)	(2)	(3)	(4)	(5)
	2007—2013	2007—2013	2007—2013	2011—2013	2013
lnprgdpsq	-0.2132***	-0.1394**	-0.1422***	-0.1595**	-0.1452*
	(0.0518)	(0.0595)	(0.0578)	(0.0778)	(0.1368)
govauto	2.0727***	1.3397***	1.0738***	0.8410***	1.0124*
	(0.2178)	(0.2508)	(0.2448)	(0.2889)	(0.4005)
second		-0.4831	-0.1980	-0.0343	-0.1224
		(0.2964)	(0.2993)	(0.3573)	(0.4927)
lnpopden		0.1956***	0.1363***	0.1704***	0.2054***
		(0.0346)	(0.0327)	(0.0400)	(0.0528)
lnprinv		0.0615	0.0400	0.0349	-0.0136
		(0.0524)	(0.0332)	(0.0617)	(0.1018)
hospital		-0.0112***	-0.0077***	-0.0029	0.0017
		(0.0038)	(0.0553)	(0.0029)	(0.0046)
west		-0.0253	0.0929	0.1415*	0.1471
		(0.0899)	(0.0820)	(0.0991)	(0.1455)
central		0.1629**	0.1233*	0.1845**	0.0461
		(0.0828)	(0.0765)	(0.0877)	(0.1426)
city		0.3387***	0.4015***	0.3120***	-0.0174
		(0.0929)	(0.0956)	(0.1037)	(0.1686)
poverty		-0.0105	-0.0083	-0.0777	0.1161
		(0.0897)	(0.0909)	(0.1055)	(0.1513)
distcap		-0.0111	0.0026	-0.0017	-0.0029
		(0.0196)	(0.0191)	(0.0237)	(0.0402)
distcapsq		0.0000	0.0000	0.0000	0.0000
		(0.0000)	(0.0000)	(0.0000)	(0.0000)
cont	-20.0787***	-16.4159***	-15.1364***	-18.5789***	-17.8418*
	(4.3932)	(5.2050)	(5.0858)	(7.5263)	(12.9534)
样本量	1 877	1 877	1 857	1 584	1 215

注:(1)括号内数值为回归系数标准差。(2) *、**和***分别表示10%、5%和1%的显著性水平。

从临界值来看,76%的县市经济发展水平尚未达到削弱村镇银行成立倾向的高度。尽管国家特别鼓励金融机构在落后地区成立村镇银行,但回归结果表明，对于大多数县市而言，仍然是经济发展水平越高，成立村镇银行的可能性越大。因此，尽管起初政策制定者鼓励落后地区优先成立村镇银行，但事实上仍然是经济相对发达的地区率先成立村镇银行，然后拓展至其他地区。这一回归结果也表明，地方性金融机构的设立内生于当地的经济发展水平。

财政自主度对村镇银行的成立则有显著的正向影响。一方面，财政资源和金融资源都是地方政府用于促进经济增长的资源，财政资源不足时，地方政府就更有动力干预金融机构的经营。因此，财政自主度越高的地区，成立村镇银行的压力应该就越小。但另一方面，财政自主度高的地区，往往代表着县域经济实力更强，地方政府的运作和招商引资能力更强，从而越可能扶持成立村镇银行。从而，财政自主度对村镇银行成立的正向影响也进一步表明村镇银行的设立更多的是锦上添花，而不是雪中送炭。当然，严格分析地方政府财政分权程度与地区金融机构的设立和金融扩张之间的关系，特别是解决其中可能存在的内生性问题，仍有待于进一步研究。

为了缓解因遗漏变量造成的内生性问题，表4第(2)列中，我们增加了其他县市经济社会特征指标作为解释变量。回归结果表明，经济发展水平仍对村镇银行的成立倾向有显著倒"U"形影响，县市政府财政自主度也对村镇银行的成立倾向有显著正向影响。此外，度量地区金融需求因素的人口密度，对村镇银行的成立也有显著正向影响。县级市虚拟变量也对村镇银行的成立有显著正向影响，相对而言，县级市比普通县经济发展水平更高，城镇化程度更高，因此这跟上文结论是一致的。虽然国家鼓励西部地区优先成立村镇银行，但我们的结果显示，在成立村镇银行上，西部地区没有明显的优势，但中部地区表现出更高的村镇银行成立可能。产业结构和固定资产投资对村镇银行的成立没有显著影响，但令人意外的是，反映公共服务的人均床位数却对村镇银行的成立有显著负向影响。到省会的距离则对村镇银行的成立没有显著影响。

现在我们用空间Probit模型来分析各县市在成立村镇银行时可能存在的攀比效应。我们使用行政相邻矩阵来度量各县市在成立村镇银行时的空间交互性。我们首先将2007—2013年成立的村镇银行放在一起进行回归。结果如表4第(3)列所示，我们主要关心的空间滞后项系数显著为正，这表明在村镇银行的设立上攀比效应明显，周边县市设立村镇银行会激励本县市也设立村镇银行。

不过，这里将2007—2013年不同年份成立的村镇银行压缩到一个截面上进行回归存在一定的问题。如果用攀比效应来解释村镇银行设立上存在的空间交互影响,那么上述回归结果表明:不仅早些年份周边县市设立村镇银行,会影响本县市村镇银行的设立概率;而且晚些年份周边县市设立村镇银行,也会影响本县市早期村镇银行的设立。这显然是不合理的。为排除这一设置谬误对我们的结果可能存在的干扰,我们在表4第(4)和(5)列中,分别仅使用2011—2013年和2013年当年成立的村镇银行的数据进行回归,即分别将2010年前成立和2012年前成立村镇银行的地区剔除,用剩余年份成立村镇银行的地区以及2013年年底时仍没有成立村镇银行的地区一起回归。此时使用的县市经济社会特征数据为2010年数据。回归结果显示,村镇银行成立的攀比效应仍然非常显著,并且空间滞后项的系数绝对值变化也不大。这说明我们的上述结论是可靠的。

(二) 空间权重矩阵的稳健性

除了行政相邻矩阵外,其他空间权重矩阵也可以用来度量村镇银行设立上存在的攀比效应。我们这里分别使用地理相邻矩阵和经济相邻矩阵做一个稳健性分析。

根据国家有关监管规定,村镇银行仅限于在所在县市开展业务,不能跨县市开展存贷款业务。因此,县市村镇银行的成立对周边县市不存在溢出效应,只有竞争效应,因此我们使用地理相邻矩阵做稳健性分析是合理的。具体而言,我们将地理相邻矩阵的元素定义如下:

$$\begin{cases} w_{ij} = 1, & \text{如果} j \text{县市是距} i \text{县市最近的5县市之一} \\ w_{ij} = 0, & \text{其他} \end{cases} \quad (4)$$

使用(4)式所示的地理相邻矩阵时,WY表示的是某县市地理相近的县市村镇银行成立的平均水平。[1]

使用地理相邻矩阵的回归结果见表5第(1)—(3)列。其中,第(1)—(3)列分别是使用2007—2013年、2011—2013年和2013年当年成立的村镇银行的回归结果。结果显示,空间滞后项系数显著为正。周边县市成立村镇银行,会提高本县市村镇银行成立的概率。各县市在设立村镇银行上存在的攀比效应仍非常明显。

---

[1] 为精确起见,县市与县市之间的距离根据县市人民政府经纬度来计算其"球面距离",经纬度数据来自Google Earth。

表 5 地理相邻和经济相邻矩阵

被解释变量:村镇银行,成立=1,否=0

	地理相邻			省内经济相邻		
	(1)	(2)	(3)	(4)	(5)	(6)
	2007—2013	2011—2013	2013	2007—2013	2011—2013	2013
ρ	0.3999***	0.3508***	0.3205***	0.3187***	0.2320***	0.2059***
	(0.0393)	(0.0494)	(0.0744)	(0.0403)	(0.0549)	(0.0858)
lnprgdp	2.8032***	2.2057**	2.7842***	2.4576**	2.3131**	2.6927**
	(1.1156)	(1.0107)	(1.2960)	(1.0420)	(1.0299)	(1.6333)
lnprgdpsq	−0.1399**	−0.0989**	−0.1274**	−0.1236**	−0.1059**	−0.1240**
	(0.0602)	(0.0501)	(0.0652)	(0.0558)	(0.0510)	(0.0826)
govauto	1.1289***	0.7994***	0.7791**	1.1895***	0.9012***	0.8380***
	(0.2577)	(0.2750)	(0.3700)	(0.2486)	(0.2690)	(0.3787)
控制变量	含	含	含	含	含	含
样本量	1 877	1 623	1 260	1 877	1 623	1 260

注:(1)括号内数值为回归系数标准差。(2) *、** 和 *** 分别表示 10%、5% 和 1% 的显著性水平。

对于经济相邻矩阵,一个方法是根据各县市人均 GDP 之差(绝对值)计算县市的经济距离矩阵,然后选择经济距离最小的若干县市构造经济相邻矩阵。很显然,经济发展水平越是相近的县市,相互攀比和竞争的效应应该更强。但是,如果在全国范围内计算经济距离,显然又明显超出了各县市政府和官员的关注视野,因此,我们在各省范围内计算县市经济相邻矩阵。具体而言,我们将经济相邻矩阵的元素定义如下:

$$\begin{cases} w_{ij} = 1, & \text{如果} j \text{县市与} i \text{县市同属一省且为经济距离最近 5 县市之一} \\ w_{ij} = 0, & \text{其他} \end{cases}$$

(5)

使用(5)式所示的经济相邻矩阵时,WY 表示的是某县市所在省区经济发展水平相近的县市村镇银行成立的平均水平。

使用经济相邻矩阵的回归结果见表 5 第(4)—(6)列。其中,第(4)—(6)列分别是使用 2007—2013 年、2011—2013 年和 2013 年当年成立的村镇银行的回归结果。结果显示,空间滞后项系数显著为正。同一省区,与本县市经济发展水平相近的县市成立村镇银行,会刺激本县市区成立自己的村镇银行。综

(三) 反事实推断

根据上文的分析,周边县市先成立村镇银行(或正在筹建村镇银行),才会对本县市村镇银行的成立有刺激作用。但周边县市晚成立的村镇银行,不会对本县市早些时候成立的村镇银行有系统影响。我们可以据此巧妙地设置一个反事实推断,来检验我们关于攀比效应逻辑的合理性。

具体而言,我们将村镇银行的成立分成2007—2010年和2011—2013年两组,既检验第一组对第二组的影响,也检验第二组对第一组的影响。我们选择2011年作为分界,除了考虑到2011年前后村镇银行的成立速度差异很大外,另一个技术性的考虑是,到2010年年末,村镇银行在地市的覆盖率达到51.4%,比较适合用来分析同地市其他县市是否成立了村镇银行,对本县市成立村镇银行的影响。分界线划得太早或者太晚,村镇银行在地市的覆盖率技术上都不够理想。[1]

也就是说,我们将2007—2010年某县市所在地市是否成立了村镇银行作为2011—2013年成立村镇银行概率的解释变量。具体而言,在2007—2010年某县所在地市的其他县市成立了村镇银行,该变量则为1,否则为0。同理,我们也将2011—2013年某县市所在地市是否成立了村镇银行作为2007—2010年成立村镇银行概率的解释变量。显然,后者即为反事实推断。如果后者的回归也显示出显著影响,将影响到上文关于攀比效应逻辑的合理性。因为可能是我们遗漏了某些重要变量,导致村镇银行的成立出现"扎堆现象",而不是基于金融资源争夺战的攀比效应。

回归结果见表6第(1)—(2)列。回归结果显示,早些时候同地市其他县市成立村镇银行,会提高本县市成立村镇银行的概率。而晚些时候同地市其他县市成立村镇银行,对早些时候本县市成立村镇银行的概率没有显著影响。这反证了我们关于政绩竞争激励下,村镇银行的设立存在攀比效应的逻辑是合理的。

---

[1] 2009年年末和2011年年末,村镇银行在地市的覆盖率分别为28.4%和72.8%。

表 6　反事实推断

	(1)	(2)	(3)	(4)	(5)
	被解释变量:村镇银行,成立=1,否=0				
	2011—2013	2007—2010	2007—2013	2011—2013	2013
ρ	0.4596***	0.3981***	0.0298	-0.0215	-0.0364
	(0.0357)	(0.0468)	(0.0406)	(0.0462)	(0.0546)
before/after	0.1091*	-0.1237			
	(0.0672)	(0.0940)			
lnprgdp	3.1969**	2.1169*	2.7702***	3.0300***	2.8609***
	(1.4712)	(1.4995)	(1.1111)	(1.0795)	(1.3747)
lnprgdpsq	-0.1540**	-0.1011*	-0.1333**	-0.1377***	-0.1288**
	(0.0749)	(0.0787)	(0.0600)	(0.0538)	(0.0690)
govauto	0.8710***	0.6961**	1.3311***	0.9669***	0.8349**
	(0.2786)	(0.3180)	(0.2575)	(0.2761)	(0.3981)
控制变量	含	含	含	含	含
样本量	1584	1324	1877	1623	1260

注:(1) 括号内数值为回归系数标准差。(2) *、**和***分别表示10%、5%和1%的显著性水平。

我们还可以通过空间权重矩阵的构造进行另一个反事实推断。根据空间计量模型回归结果的标准解释,"相邻"县市村镇银行的设立存在空间交互影响,但非相邻地区的村镇银行的设立应该互不相关。如果非相邻地区的村镇银行也对本地区村镇银行的成立显示出显著影响,也将影响我们上述逻辑的成立,因为很难想象江浙一带某县市会与新疆某县市在设立村镇银行上存在攀比效应。因此,我们可以通过将"非相邻"地区视作相邻地区,构造"伪相邻"空间权重矩阵,进行反事实推断。具体而言,我们通过在全国随机选取5个县市,视作本县市的"相邻"县市(排除本县市),构造空间权重矩阵。此时的回归结果见表6第(3)—(5)列。我们可以发现,使用"伪相邻"空间权重矩阵后,"伪相邻"县市是否成立村镇银行对本县市村镇银行成立的概率没有显著影响。这一反事实推断也验证了上文我们关于攀比效应结论的可靠性。

六、结 论

近年来,地方政府特别热衷于成立其所能控制或干预的地方性金融机构,村镇银行就是其中最新的代表。我们考察了县市经济特征,特别是县市经济发展水平和县市政府财政自主度,对村镇银行成立的影响。我们发现,虽然村镇银行的成立是中央政府推出的普惠性政策,但哪些县市率先成立村镇银行却是内生的。县市经济发展水平对村镇银行的成立有倒"U"形影响,并且对大多数县市而言,经济发展水平的提高,会加强村镇银行成立的倾向。此外,县市政府财政自主度的提高,也会加强村镇银行成立的倾向。

此外,我们也基于空间 Probit 模型评估了各县市在成立村镇银行上存在的空间交互影响,我们发现各县市在成立村镇银行上存在显著的攀比效应。在中国现行政治经济体制下,经济绩效仍然是考核地方政府官员的最重要因素,村镇银行作为一种地方性金融机构,是促进地区经济增长的重要抓手,因而,各县市基于政绩竞争的考虑,会在成立村镇银行上相互攀比和竞争。我们的结论也通过了稳健性检验和反事实推断。

我们的结论有两个政策启示:第一,欠发达地区成立商业性金融机构应该量力而行。虽然国家优先鼓励银行机构在欠发达地区成立村镇银行,但我们的回归结果却显示,仍然是经济发展水平高的县,包括县级市等成立村镇银行的可能性更高。村镇银行的商业性质决定了其嫌贫爱富的天性。因此,不应该完全依赖商业银行来解决欠发达地区的融资需求,政策性金融机构的作用不容忽视。不仅如此,如果一个地区的内生条件并不适合成立地方性金融机构,而地方政府和官员基于政绩竞争的考量,强行设立地方性金融机构,可能会引发区域性的金融风险。

第二,防止地方政府对地方性金融机构的干扰。在经济增长带来的晋升激励下,各地政府和官员非常热衷于建立地方政府所能控制的地方性金融机构。从早期的股份制商业银行,到后来的城市商业银行和农村商业银行,再到最近的村镇银行等等,都是地方政府追求建立自己所能控制的地方性金融机构的产物。这种仅限于(或原本仅限于)在所在地区开展业务的地方性金融机构,可以更好地为当地工商企业服务。但同时,这种地方性金融机构会比较容易受到地方政府的控制或干扰,从而可能出现金融资源配置扭曲等问题。

参 考 文 献

[1] 陈刚、尹希果、潘杨,2006,中国的金融发展、分税制改革与经济增长,《金融研究》,第 2 期,第 99—110 页。

[2] 陈硕、高琳,2012,央地关系、财政分权度量及作用机制再评估,《管理世界》,第 6 期,第 43—60 页。

[3] 邓明、郭鹏辉,2011,货币危机的"交叉传染"及其传染途径检验,《中央财经大学学报》,第 6 期,第 23—28 页。

[4] 董晓林、徐虹,2012,我国农村金融排斥影响因素的实证分析,《金融研究》,第 9 期,第 115—126 页。

[5] 郭峰、龙硕,2014,地区金融扩张的竞争效应和溢出效应,上海新金融研究院工作论文。

[6] 郭峰,2014a,土地资本化、经济增长和地区金融扩张,上海新金融研究院工作论文。

[7] 郭峰,2014b,地方性金融机构与地区经济增长:以城市商业银行为例,上海新金融研究院工作论文。

[8] 洪正,2011,新型农村金融机构改革可行吗?基于监督效率视角的分析,《经济研究》,第 2 期,第 44—58 页。

[9] 纪志宏、周黎安、王鹏、赵鹰妍,2014,地方官员晋升激励与银行信贷,《金融研究》,第 1 期,第 1—15 页。

[10] 李维安、钱先航,2012,地方官员治理与城市商业银行的信贷投放,《经济学》(季刊),第 11 卷第 4 期,第 1239—1250 页。

[11] 刘民权、徐忠、俞建拖、周盛武、赵英涛,2005,农村信用社市场化改革探索,《金融研究》,第 4 期,第 99—114 页。

[12] 谭燕芝、陈彬、田龙鹏、黄向阳,2014,什么因素在多大程度上导致农村金融排斥难题,《经济评论》,第 1 期,第 25—37 页。

[13] 钱先航、曹廷求、李维安,2011,晋升压力、官员任期与城市商业银行的贷款行为,《经济研究》,第 12 期,第 72—85 页。

[14] 王贤彬、徐现祥,2008,地方官员来源、去向、任期与经济增长,《管理世界》,第 3 期,第 16—26 页。

[15] 谢平,2001,中国农村信用合作社体制改革的争论,《金融研究》,第 1 期,第 1—13 页。

[16] 谢平、徐忠、沈明高,2006,农村信用社改革绩效评价,《金融研究》,第 1 期,第 23—39 页。

[17] 谢平、徐忠,2006,公共财政、金融支农与农村金融改革,《经济研究》,第 4 期,第 106—114 页。

[18] 张军,2007,分权与增长:中国的故事,《经济学》(季刊),第 7 卷第 1 期,第 21—52 页。

[19] 张军、金煜,2005,中国的金融深化和生产率关系的再检测:1987—2001,《经济研究》,第 11 期,第 34—45 页。

[20] 郑志刚、邓贺斐,2013,法律环境差异和区域金融发展:基于我国省级面板数据的考察,《管理世界》,第 6 期,第 14—28 页。

[21] 周立,2003,改革期间中国金融业的"第二财政"与金融分割,《世界经济》,第 6 期,第 72—79 页。

[22] 周黎安,2004,晋升博弈中政府官员的激励与合作,《经济研究》,第 6 期,第 33—40 页。

[23] 周黎安,2007,中国地方官员的晋升锦标赛模式研究,《经济研究》,第 7 期,第 36—50 页。

[24] 朱钧钧、谢识予、许祥云,2012,基于空间 Probit 面板模型的债务危机预警方法,《数量经济技术研究》,第 10 期,第 100—114 页。

[25] Amaeshi, K. M., A. E. Ezeoha, B. C. Adi and M. Nwafor, 2007, Financial exclusion and strategic corporate social responsibility: A missing link in sustainable finance discourse. Research Paper Series, No. 49, International Centre for Corporate Social Responsibility, Nottingham University Business School.

[26] Crowley, G. R., 2012, Spatial dependence in constitutional constraints: The case of US states, *Constitutional Political Economy*, 23:134—165.

[27] Demirguc-Kunt, A., T. Beck and P. Honohan, 2007, Finance for all? Policies and pitfalls in expanding access, World Bank, Washington DC.

[28] Fiva, J. and J. Rattso, 2007, Local choice of property taxation: Evidence from Norway, *Public Choice*, 132(3):457—470.

[29] Kempson, E. and C. Whyley, 1999, *Kept out or Opted out? Understanding and Combating Financial Exclusion*, London: The Policy Press.

[30] King, R. G. and R. Levine, 1993, Finance, entrepreneurship, and growth: Theory and evidence, *Journal of Monetary Economics*, 32:513—542.

[31] Levine, R. and S. Zervos, 1998, Stock markets, banks and economic growth, *American Economic Review*, 88:537—558.

[32] LeSage, J. P., 2000, Bayesian estimation of limited dependent variable spatial autoregressive models, *Geographical Analysis*, 32(1):19—35.

[33] LeSage, J. P. and R. K. Pace, 2009, *Introduction to Spatial Econometrics*, New York: Taylor and Francis/CRC Press.

[34] Li, H. and L. Zhou, 2005, Political turnover and economic performance: The incentive role of personnel control in China, *Journal of Public Economics*, 89(9—10):1743—1762.

[35] Loomis, B. J. and M. J. Mueller, 2013, A spatial probit modeling approach to account for spatial spillover effects in dichotomous choice contingent valuation surveys, *Journal of Agricultural and Applied Economics*, 45(1):53—63.

[36] Lucas, R., 1988, On the mechanics of economic development, *Journal of Monetary Economics*, 2:3—42.

[37] Sarma, M. and J. Pais, 2011, Financial inclusion and development, *Journal of International Development*, 23(5):613—628.

[38] Schumpeter, J. A., 1911, *A Theory of Economic Development*, Cambridge, MA: Harvard University Press.

[39] Smith, T. E. and J. P. LeSage, 2004, A Bayesian probit model with spatial dependencies, in J. P. LeSage and R. Kelley Pace (eds.) *Spatial and Spatiotemporal Econometric*, Emerald Group Publishing Limited, 127—160.

[40] Xu, C., 2011, The fundamental institutions of China's reform and development, *Journal of Economic Literature*, 49:1076—1151.

Endogenous Conditions and Competitive Effect of the Establishment of Local Financial Institutions in China: An Analysis of the County Banks Using Spatial Probit Model

Feng Guo

(Shanghai Finance Institute, School of Economics at Fudan University)

Abstract In China, the local government is keen to establish its local financial institutions, in which the county banks are the newest representatives. In this paper, using the county banks as examples, we examine the endogenous conditions for the establishment of the local financial institutions, and the competitive effect between the counties. We find that the level of economic development and the financial autonomy of the local government have a positive influence on the establishment of the local financial institutions. It means the establishment of local financial institutions in China is endogenous. Using the Spatial Probit Model, we also find that the establishment of county banks of surrounding counties will stimulate this county to establish its county bank. The establishment of local financial institutions has a competitive effect between the counties. Our finding is consistent under robustness test and counterfactual inference.

Key Words Local Financial Institutions, Promotion Tournaments, Competitive Effect, Probit Model, Spatial Econometric Model

JEL Classification C51, G21, H77

家族企业股权外部化及其经济后果：
评述与展望

柳建华　卢　锐　黄琼宇[*]

摘　要　家族企业高度封闭的股权结构会阻碍其在成长的过程中吸纳外部资金和管理资源，但满足这些需求而进行股权外部化又可能导致家族企业主丧失控制权。本文从公司财务的视角系统回顾和评述了家族企业股权外部化的影响因素、路径选择及其经济后果，在此基础上对未来该领域的研究进行了展望。

关键词　家族企业，股权外部化，经济后果，成长，控制

一、引　言

家族企业的典型特征是家族掌握企业的所有权和控制权。在家族企业的创立和发展初期，其股权主要被家族集中持有(Chandler,1990)，这种家族的封闭式控制并不会导致家族福利与企业利益产生明显的偏差。但是，随着企业的不断发展壮大，家族企业需要吸纳家族外部的管理资源和金融资源，此时，高度封闭的股权结构则可能会成为阻碍，家族业主必须通过转让一部分的股权或控制权来吸纳新的管理人才和金融资本。换言之，家族企业为了更快地成长，存在主动或被动的外部化股权的需求。与此同时，家族企业主往往追求企业和家

---

[*] 柳建华，中山大学岭南学院金融系讲师；卢锐，中山大学岭南学院金融系副教授；黄琼宇，广州大学经济与统计学院会计系讲师。通信作者及地址：柳建华，广州市海珠区新港西路135号中山大学岭南学院行政中心619室,510275；电话:020-84112785；E-mail:liujhua8@mail.sysu.edu.cn。本文是国家自然科学基金青年项目(批准号:70902023,71272197,71302105)、教育部人文社科研究青年基金项目(批准号:14YJC790086)和高校基本科研业务费中山大学青年教师培育项目(批准号:12wkpy59)的阶段性研究成果，特致谢意。感谢匿名审稿人对本文提出的宝贵意见，当然，文责自负。

族整体利益最大化,控制权是实现家族利益和企业家非货币效用的关键[1],因此,保留控制权显得特别重要[2],在投资者保护较差的地区表现得尤为明显。在投资保护较差的环境下,特别是当家族企业的控制权大于其现金流权时,家族企业主的利益与中小股东的利益会发生严重的冲突,家族企业主往往会以侵害中小投资者利益为代价来获取更多的控制权私利(Bertrand et al.,2008)。这就是家族企业在发展过程中所面临的"成长与控制"的难题。

学术界对家族股权结构开展了大量的研究(Almeida and Wolfenzon,2006)。但在诸多的家族企业治理研究文献中,学者们往往将家族企业作为一个特定的组织形式,将其与非家族企业进行比较研究(Chua et al. 1999;Chrisman et al.,2005)。对家族企业这个群体进行细分研究也主要从创业股东与继承股东的视角进行(Villalonga and Amit,2006),在现有对家族企业股权配置的研究中,学者们主要从金融市场存在缺陷(Bertrand et al.,2008)、契约执行成本高昂(Bertrand and Schoar,2006)以及经理人市场的不发达(Bukart et al.,2003;李新春,2003)等视角考察家族企业股权配置的影响因素。但是,这些对家族企业股权外部化的研究大都只是基于单一视角而展开的,缺乏一个相对系统和综合的分析,因而可能无法解释家族企业是如何进行其最佳的股权配置的,进而也影响着对当前制度环境下家族企业不同股权结构下的经济后果的考察。[3]

鉴于此,本文拟在国内外现有研究的基础上,就家族企业股权外部化的影响因素、家族企业股权外部化的选择以及经济后果三个方面的文献进行评述,以期在理论上厘清家族企业股权外部化及其经济后果,并对相关的实践提供借鉴。

二、家族企业股权外部化的影响因素

多数英美公司在上市初期都是由家族集中持有的(Chandler,1990),而后家

---

[1] Bhaumik and Gregoriou(2011)指出,家族企业主保留家族企业的控制权可以为其带来三个不同方面的收益。第一,保留控制权能给家族带来非货币上的收益,比如,可以通过家族公司赞助企业主所喜欢的体育赛事;第二,一个创建时间很长的家族品牌可以传递一个高质量的信号;第三,使得家族企业主有能力来侵害家族企业中其他中小投资者的利益(Johnson et al.,2000)。

[2] 此前发生在国美电器中的创始人黄光裕家族与职业经理人陈晓之间的控制权之争即为家族企业股权外部化导致控制权争夺的典型案例(祝继高和王春飞,2012)。这使本来对股权外部化持异常谨慎态度的家族企业主不得不重新权衡家族企业股权外部化与控制权丧失可能产生的利弊得失。近期包括碧桂园、合生创展等知名家族企业主纷纷传位给各自的子女,以保留家族对公司的绝对控制。

[3] 可喜的是,少数学者已经开始关注对家族企业进行细化研究的重要性(Schulze et al.,2001;王明琳和周生春,2006;许静静和吕长江,2011)。

族在企业中的持股比例逐步向外分散,与家族企业的年龄呈负相关的关系(Frank et al. ,2011)。但在英美以外的其他国家中,家族企业的股权结构的演变与西方略有差异(Roe,2002)。学者们从契约执行成本、文化观念、要素市场是否发达等视角对此进行了解释,认为这是家族企业适应外部环境的一种表现。本文认为,家族企业在成长过程中存在吸收外部资金和管理资源的需求,这种需求的满足可能需要向外分散股权。同时,家族股权外部化与否及其程度的高低还受外部的正式制度环境和非正式制度环境的影响。

(一) 家族企业需求的满足与股权外部化

1. 家族企业融资需求满足与股权外部化

家族企业为了促进企业成长存在吸收外部资金的需求。外部融资有股权融资和债务融资之分。过多的外部股权融资可能导致公司控制人丧失控制权,但过度的债务融资又可能使公司产生巨大的财务风险。在外部融资资源可获取的情况下,控制权保持动机是影响家族企业选择债务融资或股权融资的重要因素。Ellul(2008)考察了控制权保持动机是否会影响家族企业的资本结构,研究表明,在小股东权益受保护程度较差的地区,控制权丧失的成本更高,因此,家族企业更愿意承受一定的财务风险而进行更多的债务融资。Croci et al. (2011)的研究也发现,欧洲的家族企业的控制性股东为了避免控制权被稀释,更不愿意进行股权融资,债务融资成为家族企业融资最常用的渠道。这说明,在债务融资与股权融资的选择上,保留控制权的动机比降低企业财务风险的动机更强。

当然,当外部股权融资相对困难且财务风险较高时,家族企业往往会组建企业集团来构建内部资本市场(Almeida and Wolfenzon,2006),通过内部资本市场进行内部融资,为那些高风险及资本密集型但未来现金流较低的投资项目募集资金(Masulis et al. ,2011),或者通过亲情熟识网融资(储小平和王宣喻,2004)。

2. 家族企业管理资源需求满足与股权外部化

企业向外融资可能意味着企业规模扩张、业务增多、专业技术水平提升以及经营活动半径扩大等。这可能导致企业管理资源也面临匮乏的境地,因此亟须吸纳和集成新的管理资源来满足企业成长的需求。

然而,家族企业通常存在一些特殊资产或专有资产,家族企业主担心外部经理人进入之后利用这些隐私信息,在其利益未得到满足的情况下要挟企业主。因此,出于对外部人的不信任和对家族"隐私"保护的需要,家族企业在引入外部职业经理人时会权衡再三(范博宏和梁小菁,2010)。进一步,即便引进经理人,在经理人不拥有或拥有很少的企业剩余索取权时,经理人可能会利用信息不对称来实现自身利益最大化,偏离乃至违背委托人的目标。李新春(2003)指出,不承担风险的剩余控制权必然成为经理人的"廉价控制权",给企业带来不可预期的代理成本。为此,授予职业经理人股权,为其剩余控制权匹配相应的剩余索取权,理论上能够降低代理成本,提升企业价值。基于这个理论,职业经理人持股成为西方家族企业主流的治理模式。但是,在不发达的经理人市场下,一旦家族将控制权移交给经理人,家族可能会失去对企业的控制,使企业蜕变为经理人控制的企业。家族企业是一个依靠家族权威和内部忠诚来实现控制的企业,如果公司的治理结构没有得到合理的改造,那么,控制权的交接同时也意味着权威的转移,经理人可能利用权威和忠诚而形成内部人控制。

Lin and Hu(2007)认为家族企业的经营特征会影响其聘用外部职业经理人担任公司 CEO 的成本和收益。当企业的经营需要特殊的或更先进的管理技能时,如果相对于在家族企业内部,在职业经理人市场上更容易找到合格且能胜任的 CEO 的潜在人选,则此时聘用职业经理人更符合公司的利益(Burkart et al.,2003)。但是,如果在特定的家族企业中经理人的自由裁量权很大,则经理人很容易通过自由裁量权来转移公司资源作为控制权私利,从而损害公司的利益。此时公司会倾向于在内部培训 CEO。Lin and Hu(2007)以中国台湾公司为样本对家族企业特征与 CEO 选择之间的关系进行了实证检验,结果发现,家族企业的管理能力需求越低,侵占可能越大,越可能使用家族内部人担任 CEO。

(二)制度环境与家族企业股权外部化

1. 正式制度环境与家族企业股权外部化

Gedajlovic and Shapiro(1998)、La Porta et al.(1998)、Young et al.(2008)、Peng and Jiang(2010)等的研究认为,正式的法律法规等投资者保护制度会对家族企业是否对外稀释股权以及股权外部化程度产生重要的影响。

在家族企业成长过程中,正式的法律法规等投资者保护制度对家族企业因满足资金和管理需求而进行的股权外部化存在双向的影响:其一是家族企业是否信任外部投资者或职业经理人而主动选择。在英、美等国家,完善的产权保护制度鼓励创始人家族及其子嗣通过逐步稀释股权来吸引外部投资者,并对掌握日常经营管理权的职业经理人赋予股权,使其利益与股东利益一致,以满足其资金和人才的需求来促进家族企业的成长。在有效的投资者法律保护环境下,创始人家族对自己的股权逐步减少能泰然处之。相反,在正式法律制度和监管机构无法起作用的情况下,家族企业主必须自己经营企业,一旦将管理权下放给外部职业经理人,则可能引发严重的滥用职权、偷盗等代理问题,除非通过婚约将职业经理人变成家庭成员(Burkart et al.,2003)。Lu and Tao(2009)发现,在法律保护水平较低、契约执行效率较差的地区,家族企业的股权相对更为集中。因为,在支持契约执行的法律制度相对较弱的地区,保留控制权是家族企业主的最优选择。Foley and Greenwood(2010)的研究也发现,投资者保护水平的高低与家族企业IPO之后股权稀释的速度有很大的关系,投资者保护水平越高,股权稀释越快,这种快速的稀释是获取外部融资以满足快速增长的需要。

正式制度对家族企业股权外部化另一方面的影响是外部投资者是否信任公司内部人的被动选择。Bertrand et al.(2008)指出,在投资保护较差的环境下,特别是当家族企业的控制权大于其现金流权时,家族企业主的利益与中小股东的利益会发生严重的冲突,家族企业主往往会以侵害中小投资者利益为代价来获取更多的控制权私利(Almeida and Wolfenzon,2006;Sumon,2010)。在这种制度环境下,外部投资者会因害怕利益受家族大股东的侵害而不愿意投资家族企业(La Porta et al.,1997)。因此,当家族企业需要外部资金时,债务融资成为家族企业融资最常用的渠道(Croci et al.,2011)。家族企业股权集中也成为一种不得已的模式。

在中国,随着中小板和创业板的推出,非国有的家族企业上市较以前变得更为现实。然而,中国投资者保护水平较低(Brockman and Chung,2003),近年来尽管证监会和交易所等监管机构为保护中小股东利益做了很多努力,但目前资本市场上相关制度依然没能有效地保护中小股东的利益不受侵害(刘峰等,2007)。加上当前资本市场当中市盈率普遍较高,家族企业的股权融资偏好极大地得到了刺激,家族企业主在保证控制权不旁落的情况下,很可能在上市之后进一步主动稀释股权,以掠夺中小股东的财富。

2. 非正式制度环境与家族企业股权外部化

外部制度环境有正式制度环境和非正式制度环境之分,非正式制度在某种程度上可以对正式制度起补充甚至替代作用。在非正式制度中,信任等文化因素对家族企业的存在及其股权结构的变化会产生重要的影响(Almeida and Wolfenzon,2006)。家族企业的快速成长会产生引入外部管理资源的需求,但由于外部信任文化的缺失,家族企业主在引入外部职业经理人的过程中会考量企业重要的商业"隐私"信息存在泄露或流失风险的可能,因而可能会无奈选择"隐私"经营而放弃快速成长。储小平和李怀祖(2003)甚至指出,家族企业成长瓶颈的实质是信任资源约束。

信任文化的缺失在另一方面对家族企业股权外部化产生影响。在正式制度和信任文化等非正式制度缺失的环境下,即使引入外部的职业经理人,家族企业主由于担心职业经理人的非职业性,也不愿意赋予职业经理人以股权。一旦缺乏剩余索取权的经理人的引入造成剩余权力的不对称分布,不承担风险的剩余控制权则必然成为"廉价控制权",给企业带来不可预期的代理成本(李新春,2003)。由于家族成员普遍存在各种非正式契约,能降低彼此之间的信息不对称,促使代理成本最小化(Daily and Dollinger,1992),因此,家族企业更多地依靠亲缘、姻缘,形成长期有效的关系网络。

中国社会特别强调家文化,追求归属感。许永斌和惠男男(2013)从情感价值的视角来解释我国家族企业在代际传承中的股权外部化问题。他们认为,情感价值是家族企业控制权在代际间传承的助推器。追求情感价值与获取财务利益共同构成家族企业完整的目标体系,延续家族控制是家族企业情感价值的本质要求,情感价值影响传承的欲望、准备以及成功率。

三、家族企业股权外部化的选择

(一)家族企业融资需求的满足与融资渠道的选择

前文指出,外部环境会影响家族企业与外部投资者之间的相互信任,在投资者保护好的地区,家族企业在融资时愿意选择外部股权投资,外部投资者也愿意投资于家族企业。在投资者保护比较弱的地区,家族企业很难获取外部投资者信任,因此只能通过组建企业集团,构建内部资本市场(Almeida and Wolfenzon,2006),通过内部融资,为那些高风险及资产密集型但未来现金流较低的投资项目募集资金(Masulis et al.,2011)。

在制度环境比较差的国家中,家族构建企业集团的一个目的是利用内部资本市场,形成融资优势,另一个目的在于保留控制权(Masulis et al.,2011)。控制权保持动机是影响家族企业选择债务融资或股权融资的重要因素。Ellul(2008)考察了控制权保护动机是否会影响家族企业的资本结构,研究表明,在投资者保护较差的地区,家族企业有更高的负债率。同样,Faccio and Masulis (2005)发现欧洲家族企业在并购时,为了保留控制权的需要,更愿意优先使用现金作为支付手段。Croci et al. (2011)的研究也发现,欧洲的家族企业的控制性股东为了避免控制权被稀释,更不愿意进行股权融资,债务融资成为家族企业融资最常用的渠道。这说明,在债务融资与股权融资的选择上,保留控制权的动机比降低企业风险的动机更强。[1]

基于我国上市家族企业的研究表明,受我国传统宗法社会核心价值观之一——庇荫子孙的影响,家族企业的财务风险控制更为严格。相对而言,家族企业的资产负债率普遍较低,更倾向于内部融资(李刚和邱静,2010)[2]或亲情熟识网融资,因为这两种融资渠道基本不存在对信息披露的要求(储小平和王宣喻,2004)。

(二)家族企业融资需求的满足与外部投资者类型的选择

理论上,家族企业在吸纳外部股权资金时可以选择战略投资者或财务投资者。而外部投资者愿意投入资金,需要家族企业能提供一定的保障,这些保障可能是:外部投资者在特定的情形下对企业的资产和现金流具有所有权或者外部投资者对企业享有一定的控制权。只需满足第一种保障的资金提供者是保持距离型的资金提供者,比如财务投资者。需要满足第二种保障的资金提供者为控制取向型资金提供者,比如战略投资者。可见,外部投资者的引入不仅可以给企业带来所需的资金,而且可能还会给企业带来内部权力和利益格局的改变,甚至包括引入先进的技术、优秀的管理人才以及有效的监督。因而,不同类型的外部股权投资者对公司治理及企业长期发展的影响程度也可能各不相同。葛永盛和张鹏程(2013)对我国家族因资源约束导致股权外部化以及股东类型的选择及其影响做了研究,他们的研究表明,家族企业由于资源约束而引进外部投资者,但是在引进的时候会根据自身的偏好对不同投资者有所选择。战略投资者的引进能长期有效地提升家族企业的治理效率,财务投资者的引进对家族企业治理效率的影响并不显著。

---

[1] Berger et al. (1997)的研究发现,经理人为了自身利益的考虑,往往会避免过多的债务融资。

[2] 家族企业低负债率的出现至少还存在其他两个方面的原因:一是我国存在一定程度的信贷歧视,相对于国有控股的企业而言,家族企业相对更难获得银行的信贷支持;二是我国的投资者保护水平较低,控制权市场不够发达,企业更多地通过股权融资来满足资金需求,同时,可以通过关联交易等手段将股权融资所获的"免费资金"挪作己用,避免债务融资的刚性约束。

(三) 家族企业管理资源需求的满足与经理人持股

前文中我们阐述了，随着家族企业自身管理资源的匮乏，需要吸纳和集成新的管理资源来满足企业的成长。但是，家族企业引入外部经理人可能会产生严重的利益冲突，外部经理人的目标会偏离乃至违背家族股东的目标。因此，让经理人持股，拥有企业的剩余索取权是西方家族企业主流的治理模式。然而，即便如此，依然不能解决外部经理人利用自身的权威形成内部人控制的尴尬，内部人控制会损害家族股东的利益。这在经理人市场欠发达的地区表现得尤为明显。

学者们就经理人持股与企业价值之间的关系展开了不少研究，但结论远未达成一致。Anderson and Reeb(2003)的研究发现两者之间呈线性关系，McConnel et al. (1990)和Hermalin and Weisbach(1991)的研究则认为两者之间呈非线性关系。国内一些学者的研究发现两者之间不存在相关性(魏刚，2000；李前兵，2011)。何轩等(2008)的研究甚至认为，职业经理人持股在中国情境下与家族企业决策质量并无直接关系，相反，可能因为导致家族成员产生不公平感，从而降低家族成员决策承诺，进一步影响家族企业的决策质量。由此可见，职业经理人持股产生不一致的经济后果可能与制度环境紧密相关。在中国的家族企业中，是否授予经理人股权，以哪种方式授予股权，给予多少股权，相应地会对企业的公司治理产生何种影响，值得进一步探讨。

四、家族企业股权外部化的经济后果

正如前文所述，家族企业股权是否外部化和外部化股权的受众是家族企业主权衡股权外部化而带来的企业快速成长与保留股权而取得的正常收益与控制权私利之和进行比较的结果，也即家族企业股权外部化及其程度是在"成长与控制"之间抉择的结果。因此，对于家族企业股权外部化的经济后果的研究综述，我们将分别从家族企业股权外部化对成长与控制的影响两个维度展开，具体是从家族企业股权外部化与家族企业投资、企业绩效以及控制权私利获取三个方面进行。

(一)家族企业股权外部化与企业成长

1. 家族企业股权外部化与企业投资行为

股权外部化属于公司治理范畴。Bushman and Smith(2004)指出,公司治理机制的有效性会影响管理层的决定,对公司财务行为产生重要的影响,进而提高公司价值。直接研究公司治理对企业绩效的影响相对比较间接,公司治理影响企业绩效需要"中间桥梁"来实现,即公司治理首先会影响公司行为,这些行为进而对企业绩效产生影响(辛清泉等,2007)。考虑到资本投资对企业发展的重要性,我们主要从企业投资的视角来考察股权结构变化对企业绩效的影响。尽管有大量的研究考察了家族企业绩效的优劣,但却很少有研究去探究其中的原因(Schmid et al.,2008)。Schmid et al.(2008)的研究支持了以投资为视角是更为直接地考察家族企业绩效优劣的途径。

尽管企业为了长远发展需要进行投资,但投资具有很大的不确定性。家族集中持有企业的大部分股权,在进行投资决策时一般倾向于规避风险。Schmid et al.(2008)发现,相对于非家族企业而言,家族企业更少从事无关多元化投资。不管是在国内还是在国外,家族企业的多元化投资水平都更低。即便是进行多元化,也优先选择在国内多元化;在国外多元化时,则优先选择在文化相近的地区多元化(Luis et al.,2010)。另外,相比于分散持有的公司,家族企业长期投资的规模更小。在投资类型的选择上,其更偏好于低风险的固定资产投资,而非高风险的研发投资(Anderson et al.,2012)。这些研究说明,家族企业为了保持控制权的需要而尽量降低企业的经营风险[1],或者说,由于家族集中控制企业,一旦项目失败,大部分损失也由家族企业承担,出于风险规避的考虑,不愿意投资于风险过高的项目。

学者们也就家族企业引入外部管理资源后的投资行为进行了研究。Anderson et al.(2012)研究了职业经理人与家族企业投资的关系,结果发现,家族企业是否聘任职业经理人与企业总投资和研发投资均无关。但 Coles et al.(2006)发现,管理层的薪酬与股价关系越敏感,公司越可能从事高风险的投资行为,比如研发投资等。

---

[1] 美的集团创始人何享健曾大举实施多元化,但在意识到宏观调控可能带来风险后,毅然放弃了众多快速扩张的机会,"宁可走慢一两步,不能走错半步",成功躲过风雨。

2. 家族企业股权外部化与企业绩效

现有对家族企业绩效的研究大都围绕家族与非家族企业进行对比而展开。Anderson and Reeb(2003)的研究发现,家族持股是一种有效的组织形式,家族参与管理可以较好地解决第一类代理问题,因而其业绩比非家族企业的业绩要好(Daily and Dollinger,1992)。但是,家族持股比例与企业的会计业绩和市场业绩并不完全呈线性关系,一定范围内的家族持股有利于企业价值提升,一旦过度持有,则不利于企业价值提升。因为过多的家族参与会导致自我控制、裙带主义、搭便车等,带来更多的代理问题,是落后的和无效率的(Schulze et al.,2001)。国内的学者徐鹏和宁向东(2011)也发现家族化管理降低了上市公司的价值和盈利能力。贺小刚和连燕玲(2009)的研究也得到了相似的结论,他们认为,在高管中安排更多家族成员并不能显著改进家族企业的绩效。

在家族企业内部,学者们进一步比较研究了家族成员担任CEO与外聘CEO对公司绩效的差异。Anderson and Reeb(2003)的研究发现,家族成员担任公司CEO时的业绩显著高于外聘CEO的业绩。但这些研究并未取得一致的结论。比如,Wang(2006)认为,相比于继承人CEO而言,外聘CEO更有利于提升企业价值,提高盈余质量。如果赋予外聘CEO以股权来降低外聘CEO与公司股东之间的第一类代理成本,其与公司绩效之间会呈现线性正相关关系(Anderson and Reeb,2003)。国内一些学者的研究发现两者之间不存在相关性(李前兵,2011),甚至发现职业经理人持股在中国情境下与家族企业决策质量并无直接关系,相反可能因为导致家族成员产生的不公平感,从而降低家族成员决策承诺,进一步影响家族企业的决策质量(何轩等,2008)。

学者们进一步将担任CEO的家族成员是创始人还是继承人对企业业绩的影响也做了研究,总体上发现,创始人CEO对公司业绩的影响显著高于继承人CEO。Fahlenbrach(2007)的研究认为,相对于继承人CEO而言,创始人CEO更熟悉家族企业的运营情况,更加重视企业的长远发展,因此更有动机监督其他管理者的机会主义行为,有利于企业价值提升。Villalonga and Amit(2006)的研究认为,只有创始人担任CEO时家族股权才能给公司创造价值,继承人CEO会毁损公司价值。He(2008)的研究也发现,创始人CEO会给公司带来更高的会计业绩。

学者们还从继承的视角考察了家族股权对家族企业绩效的影响。Cucclelli and Micucci(2008)以意大利的家族企业为样本进行研究,结果发现,家族继承给公司带来负面的效应,这种负面绩效在竞争很激烈的行业当中表现得更为明显,这说明家族股权并不具有天然的优越性。Bennedsen et al. (2006)的研究也发现家族继承会导致 ROA 下降。Fan et al. (2007)对家族继承损害公司价值但依然普遍存在的现象做了解释,他们认为,资产的专用性使得资产转移的交易成本过高,从而导致了家族企业股权集中,更多地向子嗣传承。随着国内家族企业创始人 CEO 年龄的增长,传承将成为重要的话题。外聘 CEO 与二代家族成员 CEO 之间的比较也引起了学者的广泛关注,Anderson and Reeb(2003)和 Wang(2006)的研究均发现,相比于二代家族成员 CEO,外聘 CEO 更有利于企业价值提升,有利于提高企业的盈余质量。在我国,由于制度环境尚不完善、经理人市场发展不充分以及外部控制权市场尚不发达,外聘 CEO 所产生的经济后果值得进一步的检验。

在考虑股权外部化与公司业绩的其他情形时,Maury and Pajuste(2005)发现,家族企业中第二或第三大股东持股比例越高,对企业价值越有积极促进作用;但是,如果第二或第三大股东为家族成员股东,这种积极作用就消失了。由此说明,家族企业的股权外部化在一定程度上抑制了家族控股股东的自利行为,从而有利于企业价值的提升。葛永盛和张鹏程(2013)的研究发现,国内家族企业由于资源约束而引进外部投资者,但是在引进的时候会根据家族自身偏好而对不同投资者有所选择。战略投资者的引进能够长期有效地提升家族企业的治理效率,而财务投资者的引进对家族企业治理效率的影响并不显著。

从上述的研究可以发现,有关家族企业股权结构与家族企业绩效之间的关系的研究远没有达成一致的结论,很多研究并未考虑股权结构与企业业绩之间存在的内生性问题(Maria et al.,2011),对制度环境的分析也有局限。

(二)家族企业股权外部化与控制权私利

当家族股东对所有权和控制权同时掌控时,这为其寻租提供了便利(Fama and Jensen,1983)。家族业主可能会通过在职消费等方式从盈利性项目中抽取稀有资源(Demsetz,1983),侵占中小股东的利益(La Porta et al.,1997)。特殊股利、超额薪酬和关联交易是家族股东常用的寻租方式(DeAngelo and DeAngelo,2000)。双重股票、金字塔结构、交叉持股,甚至超额占有董事会席位等方法通常被家族企业用以实现对上市公司的超额控制(Stulz,1988;Vilalonga and Amit,2006),从而便于其从上市公司获取私利,不利于企业价值提升,并降低了企业的盈余质量(Fan and Wong,2002)。

当家族企业的股权逐步外部化之后,外部股东的引入有利于改善家族企的公司治理水平。第二或第三大股东持股比例越高,对企业价值越有积极促进作用(Maury and Pajuste,2005),同时可以降低企业的信息不对称水平,降低企业的融资成本(Attig et al.,2008),另外还能抑制企业的盈余管理行为,提高家族企业的盈余质量(Bertin and Iturriaga,2008),但当第二、第三大股东也为家族成员时,由于监督所产生的积极效用则全部失效。魏明海等(2013)研究了家族企业关联大股东的治理角色,他们通过对2003—2008年家族上市公司的分析,发现关联大股东以关联交易为途径对企业价值产生负面影响。家族关联大股东持股越多,在董事会或"董、监、高"中所占席位的比例越大,家族企业的关联交易行为越严重,公司价值折损也越厉害。

五、未来的研究展望

家族企业这种组织形式在世界范围内广泛存在,对世界经济发展起到了不可替代的作用。家族企业股权结构的动态调整是规避资源约束和适应外部制度环境的结果,这种股权外部化行为的影响因素及其带来的相关会计和财务问题值得学者们广泛关注。当前,我国正处在转型经济时期,外部经理人市场发育不完善,家族传承的文化非常浓厚,投资者保护水平整体较低,这些因素的存在会对家族企业"成长与控制"的选择产生综合作用,进而导致我国家族企业股权外部化的路径选择及其经济后果可能与西方现有的研究结论并不一致。鉴于此,我们认为未来相关的研究可以在如下两个方面进行拓展。

第一,家族企业股权外部化选择的研究。现有研究对家族企业股权外部化的影响因素的解释大都只从某一单独的视角切入。我们认为,家族企业股权是否外部化、外部化的程度以及外部化股权路径的选择是公司自身特征及外部正式制度和非正式环境共同作用的结果,这些因素可以划分为家族特殊资产、企业路障和制度诱因三大类。鉴于此,未来可以构建一个指标体系来研究我国家族企业股权外部化的相关问题。该指标体系应包含家族特殊资产、企业路障和制度诱因三大类因素,纳入该指标体系的指标应结合当前相关研究的基本结论进行选择,并需要考虑中国家族企业所处的制度环境特征。其中,在该指标体系中的家族特殊资产方面,所选择的指标应能反映企业的文化和核心价值、领导特征和政商关系等;在企业路障方面,所选择的指标应能反映家族子女路障和企业财务路障等;在制度诱因方面,所选择的指标应能反映金融市场化程度、投资者保护水平和资本市场估值泡沫等。我们认为,通过这样的指标体系可以更为系统、完整地反映公司股权外部化动态调整的影响因素,以突破以往相关研究中研究视角相对单一的局限。特别是,随着我国第一代家族企业主的年龄的不断增长,越来越多的家族企业涉及传承问题[1],这些问题的研究对于预测家族传承也具有重要的意义。

第二,家族企业股权外部化经济后果的研究。家族企业股权外部化可能满足了企业成长中对资金和人才资源的需求,从而促进了企业的成长,但另一方面也可能使企业产生控制权争夺等问题。保留过多的控制权会使家族企业丧失发展所需的资金和人才资源,在外部制度环境较差的情况下还可能产生严重的控制权私利获取的问题。以往的学者更多地对家族企业和非家族企业的绩效进行比较研究,对家族企业绩效优劣的原因较少从会计或财务行为视角进行考察。家族企业股权外部化属于其最佳治理机制调整的问题,基于会计和财务行为的视角来考察家族企业这个单一群体中个体治理机制差异的经济后果,是对以往研究的很好补充和拓展,相关的研究结果对未来的实践也有所借鉴。

参考文献

[1] 储小平、李怀祖,2003,信任与家族企业成长,《管理世界》,第6期,第98—104页。
[2] 储小平、王宜喻,2004,私营家族企业融资渠道结构及其演变,《中国软科学》,第1期,第62—67页。
[3] 范博宏、梁小菁,2010,寻找永续经营的治理模式,《新财富》,3月12日,http://www.p5w.net/newfortune/zhuanlan/201003/t2865131.htm。
[4] 葛永盛、张鹏程,2013,家族企业资源约束、外部投资者与合同剩余,《南开管理评论》,第3期,第57—68页。
[5] 何轩、陈文婷、李新春,2008,赋予股权还是泛家族化——家族企业职业经理人治理的实证研究,《中国工业经济》,第5期,第109—119页。
[6] 贺小刚、连燕玲,2009,家族权威与企业价值:基于家族上市公司的实证研究,《经济研究》,第4期,第90—102页。
[7] 李刚、邱静,2010,传统文化与中国家族企业,中国三星经济研究院,研究报告。
[8] 李前兵,2011,公司高管人员薪酬与绩效的相关性研究——基于家族企业与非家族企业的比较分析,《技术经济与管理研究》,第4期,第56—59页。

---

[1]《福布斯》杂志在2013年9月发布了"中国现代家族企业调查报告"。该报告显示,在上海、深圳和香港三地上市的我国家族企业中,一代掌权的企业有645家,占比超过九成;二代完成接班的为66家,较去年上升了21家,占比接近10%。父子/母子都在同一家企业的公司从2010年的87家增加到2013年的270家。A股上市家族企业中二代数量明显增多,我国家族企业交接班步伐开始加快。

[9] 李新春,2003,经理人市场失灵与家族企业治理,《管理世界》,第4期,第87—95页。

[10] 刘峰、钟瑞庆、金天,2007,弱法律风险下的上市公司控制权转移与"抢劫"——三利化工掏空通化金马案例分析,《管理世界》,第12期,第106—116页。

[11] 刘学方、王重鸣、唐宁玉、朱健、倪宁,2006,家族企业接班人胜任力建模——一个实证研究,《管理世界》,第5期,第96—106页。

[12] 魏刚,2000,高级管理层激励与上市公司经营绩效,《经济研究》,第3期,第32—39页。

[13] 魏明海、黄琼宇、陈敏英,2013,家族企业关联大股东的治理角色——基于关联交易的视角,《管理世界》,第3期,第133—149页。

[14] 辛清泉、林斌、王彦超,2007,政府控制、经理薪酬与资本投资,《经济研究》,第8期,第110—122页。

[15] 徐鹏、宁向东,2011,家族化管理会为家族企业创造价值吗?——以中小板家族上市公司为例,《科学与科学技术管理》,第11期,第144—151页。

[16] 许永斌、惠男男,2013,家族企业代际传承的情感价值动因分析,《会计研究》,第7期,第77—81页。

[17] 祝继高、王春飞,2012,大股东能有效控制管理层吗?——基于国美电器控制权争夺的案例研究,《管理世界》,第4期,第138—152页。

[18] Almeida, H. V. and D. Wolfenzon, 2006, A theory of pyramidal ownership and family business groups, *Journal of Finance*, 61:2637—2680.

[19] Anderson R., A. Duru, and D. Reeb, 2012, Investment policy in family controlled firms, *Journal of Banking and Finance*, 36:1744—1758.

[20] Anderson R., S. Mansi and D. Reeb, 2003, Founding-family ownership and agency cost of debt, *Journal of Financial Economics*, 68:263—285.

[21] Attig, N., O. Guedhami and D. Mishra, 2008, Multiple large shareholders, control contests, and implied cost of equity, *Journal of Corporate Finance*, 14:721—737.

[22] Bertrand, M. and A. Schoar, 2006, The role of family in family firms, *Journal of Economic Perspectives*, 20:73—96.

[23] Bertrand, M., S. Johnson, K. and Samphantharak, 2008, Mixing family with business: A study of Thai business groups and the families behind them, *Journal of Financial Economics*, 88:466—498.

[24] Brockman P. and D. Y. Chung, 2003, Investor protection and firm liquidity, *The Journal of Finance*, 58(2):921—938.

[25] Bunkanwanicha, P., J. P. H. Fan and Y. Wiwattanakantang, 2008, Why do shareholders value marriage? Working Paper.

[26] Burkart, M., F. Panunzi and A. Shleifer, 2003, Family firms, *Journal of Finance*, 58:2167—2202.

[27] Bushman, R., E. Engel and A. Smith, 2004, Financial accounting information, organizational complexity and corporate governance systems, *Journal of Accounting and Economics*, 37:167—201.

[28] Chandler, A., 1990, *Scale and Scope*, Cambridge, MA: Harvard University Press.

[29] Chrisman, J. J., J. H. Chua and P. Sharma, 2005, Trends and directions in the development of a strategic management theory of the family firm, *Entrepreneurship Theory and Practice*, 29:555—576.

[30] Chua, J. H., J. J. Chrisman and P. Sharma, 1999, Defining the family business by behavior, *Entrepreneurship Theory and Practice*, 23:19—39.

[31] Coles J. L., N. Daniel and L. Naveen, 2006, Managerial incentives and risk-taking, *Journal of Financial Economics*, 79:431—468.

[32] Croci E., J. A. Doukasb and H. Gonencc, 2011, Family control and financing decisions, *European Financial Management*, 17:860—897.

[33] Daily, C. M. and M. J. Dollinger, 1992, An empirical examination of ownership structure in family and professionally managed firms, *Family Business Review*, 5:117—136.

[34] DeAngelo, H., and L. DeAngelo, 2000, Controlling stockholders and the disciplinary role of corporate payout policy: A study of the Times Mirror Company, *Journal of Financial Economics*, 56:153—207.

[35] Demsetz, H., 1983. The structure of ownership and the theory of the firm, *Journal of Law and Economics*, 25:375—390.

[36] Ellul, A., 2008, Control motivations and capital structure decisions, Working paper, www.ssrn.com.

[37] Faccio, M. and R. Masulis, 2005, The choice of payment method in European mergers and acquisitions, *The Journal of Finance*, 60(3):1345—1388.

[38] Faccio, M., 2006, Politically connected firms, *American Economic Review*, 96(1):369—386.

[39] Fama, E. and M. Jensen, 1983, Separation of ownership and control, *Journal of Law and Economics*, 26:301—325.

[40] Fan, J. and T. Wong, 2002, Corporate ownership structure and the informativeness of accounting earnings in East Asia, *Journal of Accounting and Economics*, 33:401—425.

[41] Fishman, R., 2001, Estimating the value of political connection, *American Economic Review*, 91:1095—1112.

[42] Foley, C. F. and R. Greenwood, 2008, The evolution of corporate ownership after IPO: The impact of investor protection, working paper, www.ssrn.com.

[43] Franks, J., C. Maye, P. Volpin and H. F. Wagner, 2011, The life cycle of family ownership: International evidence, working paper, www.ssrn.com.

[44] Gedajlovic, E. and D. M. Shapiro, 1998, Management and ownership effects: Evidence from five countries, *Strategic Management Journal*, 19:533—553.

[45] Hermalin, B. and M. Weisbach, 1991, The effects of board composition and direct incentives on firm performance, *Financial Management*, 20:101—112.

[46] La Porta, R., F. Lopez-de-Silanes and A. Shleifer, 1999, Corporate ownership around the world, *Journal of Finance*, 54:471—517.

[47] La Porta, R., F. Lopez-de-Silanes, A. Shleifer and R. W. Vishny, 1997, Legal determinants of external finance, *Journal of Finance*, 52:1131—1150.

[48] La Porta, R., F. Lopez-de-Silanes, A. Shleifer and R. Vishny, 1998, Law and finance, *Journal of Political Economy*, 106:1113—1155.

[49] Lin S. and S. Hu, 2007, A family member or professional management? The choice of a CEO and its impact on performance, *Corporate Governance: An International Review*, 15:1348—1362.

[50] Lu Y. and Z. G. Tao, 2009, Contract enforcement and family control of business: Evidence from China, *Journal of Comparative Economics*, 37:597—609.

[51] Luis, R. G., M. Makri and M. L. Kintana, 2010, Diversification decisions in family-controlled firms, *Journal of Management Studies*, 47:1467—1486.

[52] Masulis R. W., P. K. Pham and J. Zein, 2011, Financing advantages, control motivations and organizational choices, *The Review of Financial Studies*, 24:3557—3600.

[53] Maury, B. and A. Pajuste, 2005, Multiple controlling shareholders and firm value, *Journal of Banking and Finance*, 29:1813—1834.

[54] Peng M. W. and Y. Jiang, 2010, Institutions behind family ownership and control in large firms, *Journal of Management Studies*, 47:254—273.

[55] Roe, M. J., 2002, *Political Determinants of Corporate Governance*, New York: Oxford University Press.

[56] Romer, P. M., 1986, Increasing returns and long run growth, *Journal of Political Economy*, 94:1002—1037.

[57] Schmid T., M. Ampenberger, C. Kaserer and A. Achleitner, 2008, Family firms, agency costs and risk aversion: Empirical evidence from diversification and hedging decisions, Working Paper, www.ssrn.com.

[58] Schulze, W. S., M. H. Lubatkin, R. N. Dino and A. K. Buchholtz, 2001, Agency relationships in family firms: Theory and evidence, *Organization Science*, 12:85—105.

[59] Stulz, R., 1988, Managerial control of voting rights: Financing policies and the market for corporate control, *Journal of Financial Economics*, 20:25—54.

[60] Sumon, K. B., 2010, Family ownership, tunnelling and earnings management: A review of the literature, *Journal of Economic Surveys*, 24:705—730.

[61] Villalonga, B. and R. Amit, 2006, How do family ownership, control and management affect firm value? *Journal of Financial Economics*, 80:385—417.

[62] Villalonga, B. and R. Amit, 2009, How are U.S. family firms controlled? *Review of Financial Studies*, 22:3047—3091.

[63] Wang, D. C., 2006, Founding family ownership and earnings quality, *Journal of Accounting Research*, 44:619—656.

[64] Young, M. N., M. W. Peng, D. Ahlstrom, G. D. Bruton and Y. Jiang, 2008, Governing the corporation in emerging economies: A review of the principal-principal perspective, *Journal of Management Studies*, 45:196—220.

The Externalization of Equity in Family Firm and Its Economic Consequences: Review and Prospection

Jianhua Liu Rui Lu

(School of Lingnan, Sun Yat-sen University)

Qiongyu Huang

(School of Economics and Statistics, Guangzhou University)

Abstract The highly closed equity structure of family firm hinders its absorption and use of external funds and management resources. However, the reform towards the externalization of equity may lead to a loss of rights in business control. Based on corporate financial analysis, this paper makes a review on the influencing factors, route choices and economic results of the externalization of equity in family firm, and proposes certain areas for future research.

Key Words Family Firm, Externalization of Equity, Economic Consequences, Growth, Control

JEL Classification G11, G24, G32

投资者关注度、机构持股与股票收益

——基于百度指数的新证据

应千伟　罗党论　孔东民[*]

摘　要　本文利用 2006 年 6 月至 2010 年 12 月中国上市公司的"百度指数"构建了投资者关注度的周度指标,并通过回归分析发现,投资者关注度对股票的下周持有收益有显著的正面影响,一周后影响即反转,但初始的正面影响在一年内都不能被随后的收益率反转完全抵消。进一步还发现,当机构投资者持股比例越高时,投资者关注度对股票持有收益的短期正面作用就越小,而且一个月后的反转效应也会越明显。研究表明,个人投资者的情绪波动因素是导致关注度效应的主要原因,而机构投资者则有助于市场理性调整并提高市场有效性。

关键词　百度指数,投资者关注度,机构投资者,股票收益

一、前　言

对许多中小投资者来说,信息的可见度在其投资决策中扮演了非常重要的角色(Nofsinger,2001)。然而在很多时候,投资者面临的处境并不是信息太少,而是信息太多以致不知选择去关注哪些信息。受到搜索成本和有限处理信息能力的约束,投资者不可能对所有股票信息都了如指掌,即使是职业的投资专

---

[*] 应千伟,四川大学商学院副教授;罗党论,中山大学岭南学院副教授;孔东民,华中科技大学经济学院副教授。通信作者及地址:罗党论,广州市新港西路 135 号中山大学岭南学院,510275;E-mail:luodl@mail.sysu.edu.cn。作者感谢国家自然科学基金项目(批准号:71373167,71003108,71173078,70902024)、四川大学中央高校基本科研业务费研究专项项目(批准号:skqy201312,2013SCU04A32)、广东省哲学社会科学"十二五"规划项目(GD14CYJ03)、广东省自然科学基金资助项目(S2013040013714)的资助。作者感谢《金融学季刊》2014 年暑期研讨会上评审人的意见,当然文责自负。

家,也不可能对每只股票都进行深入、系统的了解、分析。所以投资者往往只能倾向于购买引起自己关注的几只股票。在现实中关注度是一种稀缺的认知资源(Kahneman,1973)。尤其在网络时代,信息的爆炸性增长使得投资者的"关注度资源"显得尤为宝贵。正如1978年诺贝尔经济学奖获得者Herbert Simon所说的那样,在信息泛滥的世界里,信息的丰富必然意味着另类事物的贫乏。显然,稀缺的正是信息消耗掉的对象——关注度(Simon,1971)。因此,信息的丰富导致关注度的贫乏,在海量信息中有效分配关注度也就变得必要。有限关注度的配置是否会对资产定价产生影响呢? 这是近年来许多学者关注的重要问题。

传统的资产定价模型认为信息会立即反映在资产价格中,其中暗含的假设是投资者总是能够分配充分的"关注度"到标的资产中(Da et al.,2011)。然而在现实的证券市场中投资者的关注度同样是有限的稀缺资源。为此,一些研究已经构建了理论框架,研究投资者的有限关注如何影响资产定价(Hirshleifer and Teoh,2003;Sims,2003;Peng and Xiong,2006)。要验证有限关注与资产定价关系的理论,在实证上存在的困难是如何找到"关注度"的直接衡量指标。

目前已有的一些研究大多采用了间接的关注度指标来研究关注度与投资者行为及资产定价之间的关系。例如,Gervais et al. (2001)和Hou et al. (2008)采用交易量作为衡量关注度的指标。Seasholes and Wu(2007)选取了上海证券交易所股票的涨停现象作为注意力吸引事件,实证结果表明,涨停事件与极端交易以及媒体密集报道有着紧密的联系。Barber and Odean(2008)首次全面地讨论了关注度驱动买入股票的行为。该文章将超额交易量、极端收益以及新闻作为注意力吸引事件(attention-grabbing event)的代理变量,实证表明,这种类型的关注度吸引事件均可以导致投资者随后的净买入行为,从而引起股票价格的短暂上扬。除此之外,还有一些研究采用广告费用作为"关注度"的代理指标(Grullon et al.,2004;Chemmanur and Yan,2009;Lou,2009)。借鉴国外的主流研究,国内学者也采用间接关注度指标研究了投资者关注度在我国股票市场中所扮演的角色。如饶育蕾等(2010)以新浪网新闻数量作为媒体关注度和投资者关注度的代理变量,结果发现,本月媒体关注度更高的股票,在下个月会产生更低的股票收益,体现出"过度关注弱势"。权小锋和吴世农(2010)以换手率作为投资者关注度指标,实证检验了投资者关注与上市公司盈余公告效应及管理层盈余公告择机行为之间的关系。贾春新等(2010)以中国限售非流通股解禁事件为样本,把换手率和谷歌历史新闻资讯数量作为投资者关注度衡量指标,研究发现,投资者关注会引起股票正回报。权小锋和吴世农(2012)以换手率和新闻媒体报道数作为投资者关注度的代理指标,检验了投资者注意力、应计误定价及盈余操纵间的关系。

以上研究所采用的代理指标有一个关键性的假设,是认为股票的极端收益和交易量,或者媒体对股票的报道必然意味着投资者对股票的关注。然而事实上,股票的极端收益和交易量还可能受到与投资者关注度无关的因素驱使。媒体的报道也不能保证一定受到投资者的关注。除了上述指标外,国内学者还采用其他指标做了尝试,如董大勇和肖作平(2011)选用东方财富网股吧发贴数据衡量投资者关注,并对投资者信息交流中"家乡偏误"的存在性、影响因素及其对资产定价的影响进行了研究。饶育蕾等(2012)用机构投资者持股比例作为衡量投资者对公司盈余的关注度指标,而李小晗和朱红军(2011)则采用不同周历阶段作为投资者关注度的表征变量。然而这些变量都仅从某一个侧面较为粗略地间接反映投资者关注度可能存在的区别,却难以直接而准确地衡量个股投资者关注度的相对大小。Da et al.(2011)提出了一种能更直接地衡量投资者关注度的方法:用 Google 搜索指数(简称 SVI)。Da et al.(2011)指出,投资者用 Google 搜索引擎搜索某只股票信息无疑就是表明其在关注该股票,所以投资者对股票的 SVI 是一个直接、显性的关注度指标。Da et al.(2011)以美国 Russell 3000 的股票样本和新股发行为例,以 SVI 作为关注度指标,实证研究发现,SVI 提高使得随后两周的股票价格更高,但在一年内股票价格就会完全逆转,从而为以 Barber and Odean(2008)为代表的"注意力驱动"理论提供了强有力的证据。

然而,以中国为代表的转轨经济国家的新兴证券市场在运行机制和市场环境上都与发达国家成熟证券市场存在显著差异。其中一个重要差别就在于投资者结构不同。在成熟证券市场中,机构投资者往往占据了市场中的大部分股票份额;[1]而在像中国这样的新兴证券市场中,却是个人投资者持有大部分股票份额。我们利用国泰安数据库的统计数据发现,从 2006 年至 2011 年,个人投资者平均占有 81% 左右的股票市值。在以个人投资者为主导的中国股票市场中,投资者关注度与股票收益之间的关系是否会与 Da et al.(2011)在成熟股票市场的实证发现存在显著差异?如果存在差异,那么机构投资者持股比例是

---

[1] French(2008)指出,在美国股票市场中,个人投资者的所有权比例在 1980 年为 47.9%,而到 2007 年就已降到了 21.5%。

否是造成这种差异的重要原因?换句话说,机构投资者持股比例会如何影响投资者关注度与股票收益之间的关系?这正是本文主要研究的问题。

国内学者利用中国股票市场的数据,已对中国投资者关注度指标的测度及其与股票价格波动之间的关系做出了初步的尝试。宋双杰等(2011)与凌爱凡和杨晓光(2012)借用 Da et al. (2011)的方法,利用谷歌趋势提供的搜索量数据试图构建一个能够直接衡量中国投资者关注度的指标。然而,在中国,Google 并不是最大的中文搜索引擎,百度占据了中文搜索引擎市场的绝大多数市场份额。据艾瑞咨询集团(iResearch)对 2013 年第一季度中国搜索引擎市场的调查统计数据显示,百度已占据中国搜索引擎市场的 80.6%,而 Google 中国只占中国搜索引擎市场的 14.4%。[1] 所以,用 Google 趋势指数不能如实反映中国投资者的总体网络搜索量[2],而上市公司的"百度搜索指数"才是更能刻画中国投资者关注度的衡量指标。最近,国内也有少数学者利用百度公司的搜索数据初步探讨了投资关注度与股票收益之间的关系(俞庆进和张兵,2012;赵龙凯等,2013),然而他们只针对创业板公司或者某一年内的日度数据,检验关注度对当日收益率或者近两周内日收益率的影响。这无论是从公司样本和时间跨度的选择,还是从考虑关注度影响的时序演化特征的角度来讲都有较大的局限性。

针对上述国内研究的缺陷,本文利用 2006 年 6 月至 2011 年 3 月中国沪深两市 A 股上市公司的"百度搜索指数",构建投资者关注度的周度指标,检验了投资者关注度与股票收益之间的关系,并进一步研究了机构投资者持股比例对投资者关注度与股票收益之间关系的影响。本文的研究价值和贡献主要体现在:

其一,与以往研究相比,本文针对近乎所有中国 A 股上市公司搜集的从 2006 年 6 月至 2011 年 3 月的"百度搜索指数"周数据,可以更为直接而全面地刻画近年来中国股票市场投资者的关注度。同时,本文的实证证据表明"百度搜索指数"的确可以作为股票投资者在短期获取超额收益的有效分析工具。

其二,本文发现投资者关注度对下一周的股票持有收益有显著的正面影响,这种正面影响虽然从第二周开始即被反转,但其累积效应在一年内都难以

---

[1] 详情请参见 http://www.iresearch.com.cn/Report/View.aspx? Newsid = 170800。
[2] 尤其是在 2010 年 Google 宣布退出中国后,Google 搜索服务在中国内地变得非常不稳定,断线频繁,导致用户量急剧萎缩。

完全消除。这个结果一方面为 Barber and Odean（2008）提出的"注意力驱动"理论在中国股票市场的适用性提供了新的证据，另一方面与 Da et al.（2011）存在明显差异，说明中国股票市场运行规律有别于美国股票市场。[1]

其三，本文为机构投资者在改善中国股票市场有效性中的重要作用提供了新的证据。我们发现，当机构持股比例越高时，投资者关注度对股票收益的短期正面作用就越小，而长期的反转效应则越明显。由此可见，个人投资者的情绪波动因素是导致关注度效应的主要原因，而机构投资者则有助于市场理性调整并提高市场长期有效性。这进一步加深了我们对中国股票市场运行规律的理解，无论对于资本市场的监管者和投资者来说都能带来一定的启示作用。

二、数据来源和变量说明

（一）数据来源

本文的投资者关注度是通过百度公司提供的百度搜索指数数据来构建的。百度搜索指数是以百度网页搜索和百度新闻搜索为基础的免费海量数据分析服务，用以反映不同关键词在过去一段时间里的"用户关注度"。百度的"用户关注度数据"采用了加密设置，并不直接提供下载，但可以用鼠标在"用户关注度曲线"移动，读取曲线上每一个数据点对应的公众关注度数值。投资者在搜索股票时，可能以"股票简称"作为关键词，也可能以"股票代码"作为关键词。然而如果用"股票简称"作为关键词来识别搜索频率可能会产生如下问题：（1）股票简称可能存在歧义，用股票简称作为关键词的搜索不一定都是和其对应的上市公司股票相关。例如，当用户在搜索"中国银行"这个关键词时，不一定是对"中国银行"这一上市公司股票的信息感兴趣，而有可能是想登录中国银行的网上银行或查询其他与上市公司股票无关的信息。当上市公司简称为"中国软件"和"新世纪"等明显存在与上市公司无关的其他多种含义时，这个问题就更严重了。（2）一些股票的简称在样本期内可能会发生变化，例如"云南旅游"（股票代码002059）在2010年9月之前的简称为"世博股份"。而对于ST股来说，在"戴帽"之前的原始股票简称和"戴帽"之后的股票简称也会发生变

---

[1] Da et al.（2011）利用美国股票市场数据研究发现，投资者关注度对随后两周的股票收益有短期正面影响，但不存在长期累积效应，短期的正面影响将在随后一年内被完全反转。

化。因此,用股票简称来搜索会出现数据不一致的问题。相比较而言,用股票代码来搜索,可以更有效地避免语义分歧问题,而且每个股票代码都对应唯一的上市公司股票,不管上市公司名称变化与否,股票代码都是保持不变的。为此,本文以"股票代码"作为搜索关键词,通过人工阅读的方式记录了从2006年6月至2011年3月[1]所有可获得关注度数据的中国上市公司每周的用户关注度数据。

另外,本文计算知情交易概率所用的股票高频交易数据来源于锐思(RESSET)数据库。其他数据来源于国泰安CSMAR数据库。

(二) 变量说明

本文搜集的百度搜索指数(SVI)的原始数据是以周来计算的。不同公司由于规模、所处行业以及其他个体特征的差异,其百度搜索量的绝对数值也会存在固有差异。同时,即便是同一公司,由于宏观环境的变化,其百度搜索量的绝对值也会随之发生变化。搜索量大小的绝对数值与股票收益之间的关系未必能体现出投资者关注度对股票收益的真实影响。因此,本文按照与Da et al. (2011)类似的方法构建异常百度搜索指数(ASVI)作为投资者关注度指标:第一步,计算每只股票过去8周的百度搜索量中位数,作为本周搜索指数的正常值Attention_Median;第二步,计算本周相对正常百度搜索指数的偏离程度,即本周百度搜索指数/过去8周的百度搜索指数中位数(SVI/SVI_Median),并取对数值得到异常百度搜索指数(ASVI)作为每只股票各周的投资者关注度指标。

本文的股票收益率变量选用了两个指标来刻画:一是采用原始的股票周收益率,二是采用Daniel et al. (1997)的方法构建的DGTW超额收益率,具体是根据所有样本公司的市值规模、账面市值比大小和公司过去一期的收益率三个指标的五分位数构建125个基准股票组合,将每个组合的平均周收益率作为基准收益率。每个股票的周收益率与基准收益率的差值即为DGTW超额收益率。

此外,以往的研究(如Chan,2003;Fang and Peress,2009)表明新闻报道和媒体关注度也会显著影响股票收益。所以我们在研究投资者关注度与股票收益之间的关系时,控制了新闻报道和媒体关注度的影响。我们用中国知网的《中

---

[1] 百度指数的数据是从2006年6月开始有记录,此后随时更新。而我们选取的数据之所以只到2011年3月,是因为我们在开始搜集数据时,2011年3月以后的数据还无法获取,故只能将时间段确定到2011年3月为止。搜集本文数据耗费了大量人力,同时时间达数月之久。一旦确立了时间段以后,再更新数据一方面工作量同样巨大,另一方面对本文研究的边际影响不大。

国重要报纸数据库》[1]中包含的重要报纸是否在当周对上市公司有标题新闻报道来刻画上市公司当周的新闻报道,同时用《中国重要报纸数据库》统计的过去一年中对上市公司的标题新闻报道总数来衡量上市公司在过去一年中的媒体关注度。其他变量的具体说明和主要变量的描述性统计分别如表1和表2所示。

表1 变量定义和说明

变量名	定义	说明
GDTW	GDTW异常收益率	采用Daniel et al. (1997)的方法构建的DGTW超额收益率,以百分比表示
Stkret	股票原始收益率	股票周持有收益率的原始值,以百分比表示
ASVI	投资者关注度	经过前八周投资者百度搜索指数中位数调整的异常百度搜索指数
Size	股票市值规模	周个股市值取自然对数
BM	账面市值比	股东权益的账面价值与市场价值之比
Turnover	换手率	流通股的周换手率
AMIHUD	股票流动性指标	根据Amihud(2002)方法构建的流动性指标
Volatility	股票收益率波动性指标	当月股票日收益率的标准差
Inst	机构投资者持股比例	机构投资者的持股数量占公司总股票数比例
Ymedia	年度媒体报道	公司在过去一年中的重要报纸标题新闻报道数,做对数处理:ln(1+年度报道数);数据来自中国知网的《中国重要报纸全文数据库》
Wmedia	周度媒体报道	上市公司当周是否有重要报纸标题新闻报道

表2 变量描述性统计

变量名	样本数	均值	中位数	标准差	最小值	最大值
GDTW	292 094	-0.016	-0.163	4.276	-10.389	14.012
Stkret	292 094	0.151	0.000	6.348	-16.947	18.468
ASVI	292 094	0.071	0.009	0.367	-0.648	1.882
Size	292 094	21.580	21.478	1.118	19.391	24.966

---

[1]《中国重要报纸全文数据库》收录了自2000年以来中国国内重要报纸刊载的文献,并进行连续动态更新,涵盖国内公开发行的500多种重要报纸。该数据库包括中国证监会指定上市公司信息披露的法定披露报纸《中国证券报》《上海证券报》《证券日报》和《证券时报》等权威性财经报刊。

(续表)

变量名	样本数	均值	中位数	标准差	最小值	最大值
BM	292 094	0.312	0.255	0.220	−0.138	1.051
Turnover	292 094	0.139	0.100	0.124	0.006	0.659
AMIHUD	292 094	0.802	0.412	1.143	0.000	7.107
Volatility	292 094	3.293	3.213	1.164	0.000	6.123
Inst	292 094	0.189	0.121	0.197	0.000	1.000
Wmedia	292 094	0.141	0.000	0.348	0.000	1.000
Ymedia	292 094	1.888	1.946	1.169	0.000	6.664

本文的初始样本包含从 2006 年 6 月至 2011 年 3 月所有 A 股上市公司 250 周的共 447 156 个周度观察点。在此基础上按照如下原则进行筛选：(1) 剔除当周百度指数缺失或者过去八周的百度指数中位数缺失的样本，从而确保留下的样本均可计算当周的异常关注度。百度指数在某些区间的数值之所以可能会缺失，主要来自两方面的原因：其一是我们在手工检索百度指数时可能遗漏了部分观察点，其二是只有当上市公司处于正常交易状态时，才能在百度指数网站中查询到用户关注度的数值，在公司股票上市交易之前或者停牌期间，都无法查询到其百度指数。(2) 除了剔除百度指数关注度数据缺失的样本之外，本文还进一步剔除了表 1 中其他主要变量存在数据缺失的样本，最终剩下 292 094 个观察点。为了控制异质点的影响，我们对所有变量都做了 1% 的缩尾处理（Winsorized）。

三、投资者关注度对股票收益率的影响

(一) 单因子分析

首先，我们根据投资者关注度的大小分别以 30%、40%、30% 的比例将每周的所有股票样本都分为低关注度、中等关注度和高关注度三组，并计算每个股票组合在下一周的简单平均收益率和按市值规模加权平均的收益率。由表 3 中 Panel A 的结果可以明显看出，不管股票组合收益率采用按每只股票的规模加权平均来计算，还是按照每只股票同等权重的简单平均来计算，持有投资者关注度较高的股票组合都可以在下周获得比持有投资者关注度较低的股票显著更高的收益。Panel B 和 Panel C 是将股票按照流通市值大小进一步分为大盘股和小盘股，结果发现，不管在大盘股还是小盘股中，投资者关注度更高的股

票都比投资者关注度较低的股票有显著更高的持有收益,而且在小盘股中,投资者关注度不同的股票组合在持有收益上的差距更加明显。

表3 不同关注度组合的收益率比较

	组合收益率(按市值规模加权平均)			组合收益率(简单平均)		
	高关注度	低关注度	差值	高关注度	低关注度	差值
Panel A:全样本						
均值	1.001***	-0.456*	1.458***	1.108***	-0.473*	1.582***
T值	(3.903)	(-1.787)	(4.027)	(3.975)	(-1.715)	(4.032)
样本数	250	250	250	250	250	250
Panel B:大规模股票						
均值	0.772***	-0.478*	1.251***	0.981***	-0.477*	1.459***
T值	(2.812)	(-1.870)	(3.332)	(3.478)	(-1.759)	(3.726)
样本数	250	250	250	250	250	250
Panel C:小规模股票						
均值	1.332***	-0.406	1.737***	1.379***	-0.370	1.750***
T值	(4.704)	(-1.441)	(4.351)	(4.905)	(-1.318)	(4.400)
样本数	250	250	250	250	250	250

注:***、**和*分别表示在1%、5%和10%的水平上显著。

(二) 多因子分析

上面的单变量分析初步显示股票收益与投资者关注度正相关,然而接下来的问题是,投资者关注度对股票收益的影响是否已经被包含在了传统的资产定价影响因子中?换句话说,投资者关注度是否包含了传统资产定价模型中提到的主要因子之外的额外信息?

为了检验在控制了传统资产定价因子后,投资者关注度效应是否依然存在,我们按照如下步骤构建"关注度因子":

(1) 每周按照投资者关注度(ASVI)排序,参照 Fama and French(1993)构建 HML 因子的做法,分别以30%、40%、30%的比例将每周的所有股票样本都分为低关注度、中等关注度和高关注度三组。

(2) 计算各个关注度组合的按市值加权平均的组合收益。[1]

---

[1] 我们也用相同权重的简单平均组合收益率做了尝试,检验结果是一致的。为节省篇幅,这里不列示具体结果。

(3) 计算高低关注度组合的平均收益率之差,作为关注度因子(AF)。

表4运用OLS回归方法检验异常关注度因子的影响是否包含在其他四个传统资产定价因子的影响中。其中,Mktret代表市场资产组合收益率因子;SMB代表市值规模因子,即规模较大股票组合收益率与规模较小股票组合收益率之差;HML代表账面市值比因子,即账面市值比较大的股票组合收益率与账面市值比较小的股票组合收益率之差;MOM则代表动量因子,即过去一年的月收益率较高的股票组合收益率与过去一年的月收益率较低的股票组合收益率之差。假如关注度因子的影响已经体现在其他传统定价因子的影响中,那么我们理应看到回归的常数项是不显著的。然而回归结果说明,无论是采用CAMP模型、三因子模型(Fama and French,1993),还是Carhart四因子模型(Carhart,1997),在控制了传统定价因子后,常数项仍非常显著。这说明异常关注度因子包含了与其他四个因子不相关的额外信息,即投资者关注度对股票价格波动的影响不能被传统的定价模型所解释。表4中各个回归方程的R^2都很低,这进一步说明传统的定价因子对关注度因子缺乏解释力。回归结果还显示出规模因子与关注度因子显著正相关,这与表3的统计结果一致,即在小盘股中,投资者关注度对股票收益的影响更大。与此同时,账面市值比因子与异常关注度因子显著负相关,这说明在高估值股中,投资者关注度对股票收益的影响更大。这与我们的直觉基本一致,因为账面市值比较低的高估值股(或称为成长股)的真实内在价值往往更不确定,因而其股价波动更容易受到投资者关注度等其他非价值评估因素的影响。

表4 关注度因子与传统的资产定价因子

	常数项	Mktret	SMB	HML	MOM	样本数	R^2
CAPM模型	1.582***	-0.696				250	0.001
	(19.37)	(-0.35)					
三因子模型	1.465***	2.247	0.218**	-0.168*		250	0.052
	(14.36)	(1.04)	(2.37)	(-1.91)			
Carhart四因子模型	1.407***	3.807	0.209**	-0.259**	-0.120	250	0.066
	(13.79)	(1.64)	(2.24)	(-2.54)	(-1.52)		

注:***、**和*分别表示在1%、5%和10%的水平上显著。

(三) 投资者关注度与股票收益率的横截面回归分析

为了更细致地分析投资者关注度不同的公司个体之间是否在股票收益上存在显著区别,接下来本文进一步针对股票个体做回归分析。首先,我们将个股的原始周收益率作为被解释变量。参照 Da et al. (2011) 的模型,在回归中不仅控制了企业规模、账面市值比和上周的股票收益率,还进一步控制了媒体报道对股票收益的影响。媒体报道指标包含两个:一个是当周是否有重要报纸标题新闻报道(Wmedia),另一个是过去一年中重要报纸的标题新闻对上市公司的报道次数,并做对数处理(Ymedia)。同时,根据 Mondria and Wu(2012) 的做法,我们在回归中还控制了 Amihud (2002) 构建的股票流动性指标 AMIHUD;当月股票日收益率的标准差 Volatility;以及当月与上一周的股票换手率对数值之差 ΔTurnover。由于本文主要研究不同关注度的股票,其收益率在横截面上的区别,同时也为了避免因投资者关注度的内在时序变化对回归结果造成的复杂影响,我们采用 Fama and MacBeth(1973) 的横截面回归方法(简称 FMB),回归结果如表 5 所示。

表 5 收益率对于异常关注度的回归结果:基于原始收益率

	第1周 (1)	第2周 (2)	第3周 (3)	第4周 (4)	第5—52周 (5)	第1—52周 (6)
ASVI	1.301***	-0.702***	-0.302***	-0.166***	0.012	0.150*
	(13.88)	(-8.56)	(-4.30)	(-2.72)	(0.03)	(1.87)
Stkret	-0.073***	-0.013**	-0.004	-0.011**	0.009	-0.100***
	(-11.01)	(-2.34)	(-0.76)	(-2.45)	(0.27)	(-3.18)
Ymedia	0.038***	0.036**	0.026*	0.012	0.251***	0.424***
	(2.79)	(2.43)	(1.74)	(0.84)	(2.80)	(4.10)
Wmedia	-0.031	-0.067**	-0.025	0.036	0.814***	0.679***
	(-0.83)	(-2.00)	(-0.67)	(0.98)	(3.46)	(2.61)
SIZE	-0.173***	-0.129***	-0.066	-0.045	-2.914***	-3.340***
	(-3.26)	(-2.61)	(-1.32)	(-0.96)	(-8.37)	(-9.00)
BM	-1.142***	-0.990***	-1.099***	-1.316***	-31.521***	-36.060***
	(-6.24)	(-5.17)	(-5.78)	(-7.16)	(-10.56)	(-11.80)
AMIHUD	-0.187***	-0.157**	-0.024	0.117**	3.634***	3.717***
	(-2.64)	(-2.23)	(-0.35)	(2.06)	(12.53)	(10.85)
Volatility	0.338***	0.392***	0.187***	0.010	-2.131***	-1.196***
	(4.57)	(4.96)	(2.70)	(0.17)	(-9.35)	(-5.22)

（续表）

	第1周 (1)	第2周 (2)	第3周 (3)	第4周 (4)	第5—52周 (5)	第1—52周 (6)
ΔTurnover	22.943***	-3.752***	-0.169	-0.482	-1.849	16.801***
	(34.80)	(-9.52)	(-0.51)	(-1.55)	(-1.04)	(9.25)
Constant	3.386***	2.079*	1.253	1.845	92.685***	102.424***
	(2.80)	(1.81)	(1.06)	(1.64)	(12.47)	(12.88)
行业	控制	控制	控制	控制	控制	控制
省份	控制	控制	控制	控制	控制	控制
样本数	292 094	292 086	292 039	291 982	291 103	291 086
周数	250	250	250	250	250	250
Adj. R^2	0.337	0.198	0.185	0.177	0.248	0.257

注：括号中为 t 值，***、** 和 * 分别表示在1%、5%和10%的水平上显著。

模型(1)的结果显示，投资者关注度对下一周的股票收益率有显著的正面影响。但这种影响是短暂的，从模型(2)可以看出从第二周开始，即反转为显著为负。模型(3)和(4)的结果显示，收益率的反转效应会一直延续到第3周和第4周。而根据模型(5)的回归结果，从第5周开始到第52周的累积影响几近于0，说明在一个月后，投资者关注度对股票收益的影响已基本消失。而总体来看，从第1周到第52周，投资者关注度在随后一年内的累积影响显著为正，说明在第1周的正面影响并不能被随后几周的收益率逆转完全抵消。

为了进一步验证以上回归结果是否稳健，我们进一步将被解释变量替换为 DGTW 超额收益率，通过表6的实证结果发现主要结论并没有发生变化，进一步证实投资者关注度对下周的股票收益率存在显著的短期正面影响。这种作用从第二周开始就反转，但年内反转的幅度不足以抵消投资者关注度一开始的正面影响。

表6 收益率对于投资者关注度的回归结果：基于 DGTW 异常收益率

Model	第1周 (1)	第2周 (2)	第3周 (3)	第4周 (4)	第5—52周 (5)	第1—52周 (6)
ASVI	1.153***	-0.599***	-0.235***	-0.110**	-0.020	0.113*
	(14.52)	(-8.61)	(-3.85)	(-2.06)	(-0.06)	(1.82)
Stkret	-0.075***	-0.009*	-0.004	-0.011***	0.040	-0.071**
	(-12.06)	(-1.73)	(-1.04)	(-2.75)	(1.49)	(-2.48)
Ymedia	0.012	0.007	0.001	-0.012	-0.211***	-0.159**
	(0.96)	(0.58)	(0.07)	(-0.94)	(-3.25)	(-2.34)

（续表）

Model	第1周 (1)	第2周 (2)	第3周 (3)	第4周 (4)	第5—52周 (5)	第1—52周 (6)
Wmedia	-0.034	-0.070**	-0.021	0.017	0.325	0.175
	(-1.09)	(-2.28)	(-0.66)	(0.52)	(1.44)	(0.72)
SIZE	-0.037	-0.024	0.043*	0.061***	1.939***	1.951***
	(-1.21)	(-0.96)	(1.90)	(2.96)	(8.00)	(7.44)
BM	0.150*	0.150**	0.079	-0.102	18.948***	19.177***
	(1.82)	(1.99)	(1.06)	(-1.46)	(14.67)	(14.38)
AMIHUD	-0.129**	-0.124**	-0.014	0.096**	2.111***	2.122***
	(-2.15)	(-2.16)	(-0.25)	(2.13)	(8.32)	(7.16)
Volatility	0.272***	0.310***	0.150***	-0.006	-1.823***	-1.076***
	(4.38)	(4.67)	(2.61)	(-0.13)	(-12.52)	(-6.08)
ΔTurnover	18.874***	-3.027***	-0.306	-0.415*	-0.667	14.716***
	(36.73)	(-9.20)	(-1.14)	(-1.69)	(-0.46)	(9.55)
Constant	0.033	-0.327	-1.636***	-1.328**	-35.201***	-36.915***
	(0.04)	(-0.49)	(-2.61)	(-2.44)	(-6.13)	(-5.95)
行业	控制	控制	控制	控制	控制	控制
省份	控制	控制	控制	控制	控制	控制
样本数	292 094	292 086	292 039	291 982	291 103	291 086
周数	250	250	250	250	250	250
Adj. R^2	0.270	0.148	0.137	0.130	0.169	0.172

注：括号中为 t 值，***、** 和 * 分别表示在1%、5%和10%的水平上显著。

我们的结果与 Da et al. (2011) 的发现存在显著差异。Da et al. (2011) 利用美国 Russell 3000 的股票样本的周频率数据发现投资者关注度对接下来两周的股票收益率都有显著为正的影响，从第四周之后将出现收益率反转的现象，而且一年内反转的幅度将完全抵消一开始的正面影响，体现出美国股票市场的长期调整能力和长期有效性。与之不同，本文发现，在中国股票市场，投资者关注度在显著推动下周的股票收益后，其反转的速度比美国市场更快：从第二周就开始显著反转。然而反转调整只维持到第四周就宣告结束。从第五周开始，市场对投资者关注度初始影响的调整已基本消失。总体来看，一年内收益率累积反转幅度不足以抵消投资者关注度的初始影响。表6的实证结果在一定程度上反映出中国股票市场受个人投资者情绪因素的影响更大而且个人投资者短线操作的倾向更为明显。在短期，关注度驱动个人投资者急于买入从而使得股票过度上涨。然而随之持有股票短线获利的个人投资者又急于抛售套利变现，使得股价随之下跌。因此，个人投资者的情绪波动容易导致股票价格在短期内就出现过度上涨后马上反转的现象。这也与祁斌等(2006)发现的个人持股比例高的股票更容易表现出短期反转特征的实证结论不谋而合。另一方面，表6的实证结果也反映出中国的股票市场的长期有效性比美国市场更差，投资者关注度引起的市场过度反应在一年内都难以被市场有效消除。其中可能的原因是在美国股票市场投资者结构中，经验和专业知识更为成熟、掌握信息更为充分的机构投资者占了大多数，个人投资者只占少数。而中国股票市场却恰恰相反，个人投资者占了绝大多数，而机构投资者只占少数。根据表2中的描述性统计结果，从2006年至2011年，机构投资者的平均占比仅为18.9%。与个人投资者相比，机构投资者更加理性，对定价过程更加了解，会冲销非理性交易行为而稳定证券价格(De Long et al.,1990)。相反，个人投资者在经验、专业知识、理性分析能力和信息获取方面都有较大劣势，对公司的基本面往往缺乏充分的了解，其投资行为也更容易受到情绪和关注度等因素的影响。当个人投资者占市场主导地位时，不仅使得投资者关注度的短期影响更大，而且也使得市场更难以做出有效的调整，来消除投资者关注度的短期影响。为了进一步验证这种理论预期是否准确，下一部分本文将进一步检验机构投资者持股比例对关注度效应的影响。

四、机构投资者持股比例对关注度效应的影响

从理论逻辑上看，投资者关注度之所以会提高短期股票收益率，其中一条很重要的理论依据是"注意力驱动买入论"(Frieder and Subrahmanyam, 2005; Barber and Odean, 2008)。该理论认为投资者对投资对象的认知带动了投资情绪，从而增加了投资需求，拉动股票价格上涨。Frieder and Subrahmanyam(2005)发现，个人投资者更倾向于持有知名公司的股票。Barber and Odean(2008)证实个人投资者是"注意力集聚股票"的净买入者。他们认为，投资者面临纷繁多样的投资选择的时候，更倾向于选取譬如新闻关注下的股票这一类已经抓住他们注意力的对象进行投资，从而在短期内推动这一类股票价格上涨。与个人投资者相比，机构投资者一般拥有更多与公司基本面相关的信息而且有更专业的分析能力。这使得机构投资者的买卖行为从平均意义上来说比个人投资者更为理性，更不容易受到投资者关注度和情绪因素的影响。因此，我们预期机构投资者持股比例较高的股票，其短期收益率受网络用户关注度的

影响较小,而且其股价能做出更有效的调整,年内反转幅度更大,从而抵消短期的市场过度反应。

另一方面,机构持股比例也会对个人投资者的行为产生影响。Mondria and Wu(2012)研究发现,处于信息优势的个人投资者的关注度对短期持有收益率的影响更大;相反,处于信息劣势的投资者,其关注度更难以转化为买入行为,从而对股票收益的正面影响将更小,甚至可能没有影响。由于机构投资者往往比个人投资者拥有更多的信息,因此当机构投资者持股比例较高时,个人投资者的相对信息劣势就更加明显,从而减弱投资者关注度对个人投资者的买入驱动,从而降低其对短期股票收益的影响。同时,当机构投资者比例较高时,机构投资者的行为更可能引导个人投资者的行为,从而增强市场的长期调整能力,更有效地抵消短期市场过度反应。

综上所述,无论从机构投资者行为的角度,还是从个人投资者行为的角度来看,机构持股比例增加都会降低投资者关注度对股票收益的短期影响,并增强市场对股票收益率的长期调整能力。为了验证上述猜想,我们在基本模型的基础上,加入了机构投资者持股比例指标 Instshare,以及 Instshare 与投资者关注度的交叉项。回归结果如表 7 所示。

表 7 机构投资者持股比例对关注度和收益率之间关系的影响(基于原始收益率)

Model	第1周 (1)	第2周 (2)	第3周 (3)	第4周 (4)	第5—52周 (5)	第1—52周 (6)
ASVI	1.487***	-0.636***	-0.290***	-0.094	0.622	1.107**
	(13.80)	(-6.90)	(-3.40)	(-1.15)	(1.19)	(1.98)
Instshare	0.199*	0.071	-0.170*	-0.051	-1.629**	-1.494**
	(1.92)	(0.69)	(-1.67)	(-0.51)	(-2.37)	(-2.08)
ASVI × Instshare	-0.922***	-0.324	0.057	-0.424*	-3.962**	-5.765***
	(-3.34)	(-1.42)	(0.27)	(-1.85)	(-2.34)	(-2.93)
Stkret	-0.073***	-0.013**	-0.004	-0.011**	0.010	-0.098***
	(-10.99)	(-2.29)	(-0.85)	(-2.53)	(0.33)	(-3.16)
Ymedia	0.039***	0.035**	0.023	0.009	0.173*	0.344***
	(2.83)	(2.30)	(1.49)	(0.66)	(1.87)	(3.14)
Wmedia	-0.028	-0.062*	-0.023	0.042	0.888***	0.770***
	(-0.77)	(-1.81)	(-0.62)	(1.13)	(3.82)	(3.03)

(续表)

Model	第1周 (1)	第2周 (2)	第3周 (3)	第4周 (4)	第5—52周 (5)	第1—52周 (6)
SIZE	-0.175***	-0.127***	-0.057	-0.038	-2.799***	-3.202***
	(-3.38)	(-2.62)	(-1.17)	(-0.83)	(-7.78)	(-8.38)
BM	-1.126***	-0.990***	-1.131***	-1.343***	-31.780***	-36.353***
	(-6.47)	(-5.45)	(-6.22)	(-7.51)	(-10.31)	(-11.49)
AMIHUD	-0.193***	-0.156**	-0.007	0.131**	3.747***	3.858***
	(-2.74)	(-2.22)	(-0.11)	(2.34)	(13.46)	(11.66)
Volatility	0.340***	0.393***	0.187***	0.009	-2.127***	-1.189***
	(4.61)	(4.99)	(2.72)	(0.15)	(-9.30)	(-5.12)
ΔTurnover	22.930***	-3.782***	-0.179	-0.436	-1.656	17.003***
	(34.81)	(-9.56)	(-0.54)	(-1.41)	(-0.92)	(9.35)
Constant	3.692***	1.920*	1.018	1.533	91.466***	99.888***
	(3.03)	(1.68)	(0.88)	(1.38)	(12.29)	(12.70)
行业	控制	控制	控制	控制	控制	控制
省份	控制	控制	控制	控制	控制	控制
样本数	292 094	292 086	292 039	291 982	291 103	291 086
周数	250	250	250	250	250	250
Adj. R^2	0.341	0.201	0.188	0.180	0.251	0.260

注:括号中为t值,***、**和*分别表示在1%、5%和10%的水平上显著。

从表7中模型(1)Fama-Macbeth回归的结果可以看出,交叉项ASVI×Inst-share前面的系数显著为负,这说明机构投资者持股比例越高,投资者关注度对下周股票持有收益率的影响就越小。这正好验证了前面的设想。而从模型(2)和模型(3)可以看出,机构投资者持股比例对第2周和第3周的收益率反转效应没有显著影响,而从第4周开始,机构投资者持股比例显现出对收益率反转调整的促进作用,尤其是对第5—52周的收益率反转调整有显著的促进作用。由此可见,机构持股的确能够减缓关注度造成的短期市场情绪对股价波动的影响,同时会增强市场长期调整能力和市场长期有效性。

进一步地,我们把被解释变量替换为DGTW超额收益率做稳健性检验,结果如表8所示。

表8 机构投资者持股比例对关注度和收益率之间关系的影响(基于DGTW超额收益率)

Model	第1周 (1)	第2周 (2)	第3周 (3)	第4周 (4)	第5—52周 (5)	第1—52周 (6)
ASVI	1.318***	-0.546***	-0.229***	-0.069	0.589	1.078**
	(14.46)	(-6.81)	(-3.04)	(-0.92)	(1.37)	(2.41)
Instshare	0.212***	0.092	-0.122	-0.054	-1.047**	-0.823*
	(2.66)	(1.16)	(-1.53)	(-0.69)	(-2.17)	(-1.67)
ASVI × Instshare	-0.805***	-0.278	0.067	-0.235	-3.091**	-4.900***
	(-3.57)	(-1.42)	(0.35)	(-1.16)	(-2.07)	(-3.05)
DGTW	-0.076***	-0.009*	-0.005	-0.011***	0.042	-0.068**
	(-12.07)	(-1.68)	(-1.08)	(-2.80)	(1.60)	(-2.42)
Ymedia	0.014	0.007	-0.001	-0.013	-0.259***	-0.206***
	(1.04)	(0.57)	(-0.06)	(-0.97)	(-3.86)	(-2.89)
Wmedia	-0.032	-0.068**	-0.019	0.020	0.370	0.234
	(-1.02)	(-2.18)	(-0.62)	(0.60)	(1.62)	(0.95)
SIZE	-0.039	-0.024	0.050**	0.065***	1.956***	1.981***
	(-1.30)	(-0.99)	(2.22)	(3.24)	(7.92)	(7.44)
BM	0.166*	0.155**	0.056	-0.115	18.871***	19.120***
	(1.91)	(2.01)	(0.71)	(-1.57)	(13.85)	(13.51)
AMIHUD	-0.137**	-0.128**	-0.003	0.105**	2.116***	2.141***
	(-2.28)	(-2.21)	(-0.06)	(2.36)	(8.55)	(7.33)
Volatility	0.274***	0.311***	0.151***	-0.006	-1.816***	-1.065***
	(4.43)	(4.71)	(2.65)	(-0.13)	(-12.28)	(-5.93)
ΔTurnover	18.879***	-3.042***	-0.313	-0.383	-0.599	14.804***
	(36.70)	(-9.22)	(-1.16)	(-1.54)	(-0.41)	(9.55)
Constant	0.371	-0.528	-1.865***	-1.481***	-34.812***	-37.178***
	(0.44)	(-0.77)	(-3.06)	(-2.73)	(-6.03)	(-6.04)
行业	控制	控制	控制	控制	控制	控制
省份	控制	控制	控制	控制	控制	控制
样本数	292 094	292 086	292 039	291 982	291 103	291 086
周数	250	250	250	250	250	250
Adj. R^2	0.273	0.151	0.139	0.133	0.172	0.174

注:括号中为t值,***、**和*分别表示在1%、5%和10%的水平上显著。

与表7的主要结论一致,从第1周的超额收益率来看,机构持股比例会显著降低投资者关注度对股票超额收益率的正面影响。同时,机构持股比例对第5周以后的长期反转调整有显著的促进作用。进一步证实机构持股有利于平抑短期关注度效应,同时提高市场长期调整能力。以往的研究发现,机构持股有助于增加股价信息(Ayers and Freeman,2003),提高市场定价效率(Piotroski and Roulstone,2004;Boehmer and Kelley,2009;林忠国和韩立岩,2011),本文从关注度效应的角度为机构投资者在改善市场效率中的作用提供了新的证据。

五、结　论

在如今信息泛滥的网络时代,资讯丰富的同时也意味着投资者注意力资源的稀缺。这种稀缺的投资者注意力在不同投资对象间的分配是否本身包含着重要的资产定价信息,从而影响股票收益呢?本文利用2006年6月至2011年3月的中国上市公司的"百度指数"周数据研究了投资者关注度对上市公司股票收益的影响。研究发现,投资者关注度对股票第1周的持有收益有显著的正面影响,但这种正面影响是短暂的,一周后影响即明显反转,而一个月后影响基本消失。然而综合来看,投资者关注度初始的正面影响在一年内都不能被随后的收益率反转完全抵消。一方面,本文利用中国股票市场的数据为以 Barber and Odean(2008)为代表的"注意力驱动"理论提供了新的实证证据;另一方面,本文得出的结论与 Da et al. (2011)利用美国数据所得的结论存在明显差异。与美国股票市场的实证发现相比,在中国股票市场,关注度正面效应的持续时间更短,反转的速度更快,但市场对关注度效应的长期调整能力更差,投资者关注度引起的市场过度反应在一年内都难以被市场有效消除。这一方面说明中国股票市场在短期受个人投资者情绪波动因素的影响更大而且个人投资者短线操作的倾向更为明显;另一方面也反映出中国的股票市场的长期有效性比美国市场更差,投资者关注度短期影响的累积效应可能在较长的时间内都不会完全消失,从而使得股票的估值有可能长时间偏离公司基本面。

进一步地,本文还研究了机构投资者持股比例对关注度效应的影响。结果发现,机构持股比例会显著降低投资者关注度对第1周股票超额收益率的正面影响。同时机构持股比例对第5周以后的长期反转调整有显著的促进作用。这说明机构持股有利于平抑短期关注度效应,同时提高市场长期调整能力。本文从关注度效应的角度为机构投资者在改善市场效率中的作用提供了新的证据,同时也佐证了中国股票市场的关注度效应与美国股票市场出现明显差异的主要原因是机构持股比例较低,而个人投资者在市场中占主导作用。

本文的研究结果可以加深我们对中国股票市场运行规律和投资者行为的

理解,无论对于资本市场的监管者和投资者来说都有一定的启示作用。同时本文也对利用国内网络搜索的海量数据挖掘更深层次的金融市场和投资者行为信息做出了初步尝试。未来的研究可以将"百度指数"这一有价值的海量数据应用到金融学和经济学的其他话题中。

参 考 文 献

[1] 董大勇、肖作平,2011,证券信息交流家乡偏误及其对股票价格的影响:来自股票论坛的证据,《管理世界》,第1期,第52—61页。

[2] 贾春新、赵宇、孙萌、汪博,2011,投资者有限关注与限售股解禁,《金融研究》,第11期,第108—122页。

[3] 李小晗、朱红军,2011,投资者有限关注与信息解读,《金融研究》,第8期,第128—142页。

[4] 林忠国、韩立岩,2011,机构交易的正面效应:波动率和市场效率的视角,《系统工程理论与实践》,第4期,第606—616页。

[5] 凌爱凡、杨晓光,2012,基于Google Trends注意力配置的金融传染渠道,《管理科学学报》,第11期,第104—116页。

[6] 权小锋、吴世农,2010,投资者关注、盈余公告效应与管理层公告择机,《金融研究》,第11期,第90—107页。

[7] 权小锋、吴世农,2012,投资者注意力、应计误定价与盈余操纵,《会计研究》,第6期,第46—53页。

[8] 饶育蕾、彭叠峰、成大超,2010,媒体注意力会引起股票的异常收益吗?——来自中国股票市场的经验证据,《系统工程理论与实践》,第2期,第287—297页。

[9] 饶育蕾、王建新、丁燕,2012,基于投资者有限注意的"应计异象"研究——来自中国A股市场的经验证据,《会计研究》,第5期,第59—66页。

[10] 宋双杰、曹晖、杨坤,2011,投资者关注与IPO异象——来自网络搜索量的经验证据,《经济研究》,第S1期,第145—155页。

[11] 俞庆进、张兵,2012,投资者有限关注与股票收益——以百度指数作为关注度的一项实证研究,《金融研究》,第8期,第152—165页。

[12] 赵龙凯、陆子昱、王致远,2013,众里寻"股"千百度——股票收益率与百度搜索量关系的实证探究,《金融研究》,第4期,第183—195页。

[13] Amihud, Y., 2002, Illiquidity and stock returns: Cross-section and time-series effects, *Journal of Financial Markets*, 5(1):31—56.

[14] Ayers, B. C. and R. N. Freeman, 2003, Evidence that analyst following and institutional ownership accelerate the pricing of future earnings, *Review of Accounting Studies*, 8(1):47—67.

[15] Barber, B. M. and T. Odean, 2008, All that glitters: The effect of attention and news on the buying behavior of individual and institutional investors, *Review of Financial Studies*, 21(2):785—818.

[16] Boehmer, E. and E. K. Kelley, 2009, Institutional investors and the informational efficiency of prices, *Review of Financial Studies*, 22(9):3563—3594.

[17] Carhart, M. M., 1997, On persistence in mutual fund performance, *The Journal of Finance*, 52(1): 57—82.

[18] Chan, W. S., 2003, Stock price reaction to news and no-news: Drift and reversal after headlines, *Journal of Financial Economics*, 70(2):223—260.

[19] Chemmanur, T. and A. Yan, Advertising, attention, and stock returns, attention, and stock returns (February 10, 2009), Available at SSRN: http://ssrn.com/abstract = 1340605 or http://dx.doi.org/10.2139/ssrn.1340605, 2009.

[20] Da, Z. H. I., J. Engelberg and P. Gao, 2011, In search of attention, *The Journal of Finance*, 66(5): 1461—1499.

[21] Daniel, K., M. Grinblatt, S. Titman and R. Wermers, 1997, Measuring mutual fund performance with characteristic-based benchmarks, *The Journal of Finance*, 52(3):1035—1058.

[22] De Long, J. B., A. Shleifer, L. H. Summers and R. J. Waldmann, 1990, Noise trader risk in financial markets, *Journal of Political Economy*, 98(4):703—738.

[23] Fama, E. F. and J. D. MacBeth, 1973, Risk, return, and equilibrium: Empirical tests, *The Journal of Political Economy*, 81(3):607—636.

[24] Fama, E. F. and K. R. French, 1993, Common risk factors in the returns on stocks and bonds, *Journal of Financial Economics*, 33(1):3—56.

[25] Fang, L. and J. Peress, 2009, Media coverage and the cross-section of stock returns, *The Journal of Finance*, 64(5):2023—2052.

[26] Frieder, L. and A. Subrahmanyam, 2005, Brand perceptions and the market for common stock, *Journal of Financial and Quantitative Analysis*, 40(1):57—85.

[27] Gervais, S., R. Kaniel and D. H. Mingelgrin, 2001, The high-volume return premium, *The Journal of Finance*, 56(3):877—919.

[28] Grullon, G., G. Kanatas and J. P. Weston, 2004, Advertising, breadth of ownership, and liquidity, *Review of Financial Studies*, 17(2):439—461.

[29] Hirshleifer, D. and S. H. Teoh, 2003, Limited attention, information disclosure, and financial reporting, *Journal of Accounting and Economics*, 36(1—3):337—386.

[30] Hou, K., L. Peng and W. Xiong, 2008, A tale of two anomalies: The implications of investor attention for price and earnings momentum, Available at SSRN: http://ssrn.com/abstract = 890875 or http://dx.doi.org/10.2139/ssrn.890875

[31] Lou, D., 2009, Attracting investor attention through advertising, Discussion paper, 644. Financial Markets Group, London School of Economics and Political Science, London, UK.

[32] Mondria, J. and T. Wu., 2012, Asymmetric attention and stock returns, AFA 2012 Chicago Meetings Paper.

[33] Nofsinger, J. R., 2001, The impact of public information on investors, *Journal of Banking & Finance*, 25(7):1339—1366.

[34] Peng, L. and W. Xiong, 2006, Investor attention, overconfidence and category learning, *Journal of Financial Economics*, 80(3):563—602.

[35] Piotroski, J. D. and D. T. Roulstone, 2004, The influence of analysts, institutional investors, and insiders on the incorporation of market, industry, and firm-specific information into stock prices, *The Accounting Review*, 79(4):1119—1151.

[36] Seasholes, M. S. and G. Wu, 2007, Predictable behavior, profits, and attention, *Journal of Empirical Finance*, 14(5):590—610.

[37] Sims, C. A., 2003, Implications of rational inattention, *Journal of Monetary Economics*, 50(3): 665—690.

Investor Attention, Institutional Holding and Stock Return: New Empirical Evidence Based on the *Baidu* Index

Qianwei Ying

(*Business School, Sichuan University*)

Danglun Luo

(*Lingnan College, Sun Yat-sen University*)

Dongmin Kong

(*School of Economics, Huazhong University of Science and Technology*)

Abstract Using search frequency index data from Baidu.com from June 2006 to March 2011, this paper constructed a weekly measure of investor attention on the net. The empirical test based on this measure shows that investor attention has a significant and positive impact on the stock return in a week. The impact is reserved from the second week on, but the transitory positive impact in the beginning cannot be completely offset by the reversal of stock returns within a year. It is further found in this paper that higher proportion of institutional investors' holding yields weaker transitory effect of investor attention on stock return and stronger return reversals after a month. This shows that the individual investors' fluctuation of sentiment is the main cause of the short term attention effect, while the institutional investors are helpful for the rational adjustment of the market and the improvement of market efficiency.

Key Words *Baidu* Index, Investor Attention, Institutional Investor, Stock Return

JEL Classification G12, G14

更多信息披露还是更高系统风险?
——公允价值会计对资本市场的双重影响研究

谢成博　张海燕　何　平[*]

摘　要　本文以2002—2011年上证A股上市公司为样本,基于Campbell et al.(2001)的思想,将波动性分解成公司特质波动性、行业波动性和资本市场波动性三个层面,并逐个分析公允价值计量模式的影响。研究发现,公允价值计量模式的推行,会显著增加公司和市场层面的波动性,对行业波动性的影响则基本不显著。公司层面波动性的增加,意味着公允价值计量有助于公司特质信息披露;市场层面波动性的增加,则意味着市场系统性风险的增加;而行业波动性的不显著变化,可能是当前行业界限模糊的结果。本文的研究指出公允价值会计对中国资本市场信息传递角色的双重性。

关键词　公允价值,系统性风险,公司特质波动率,信息披露

一、引　言

随着公允价值计量模式在全球范围的大幅推广运用,对于其实施效果的研究也日渐增加。Barth(1996)、罗婷等(2008)、王玉涛和石晓乐(2008)、钱爱民和张新民(2008)、于李胜(2007)以及张龙平和聂曼曼(2008)等大量文献研究指出,公允价值会计有助于改善企业的会计信息质量,Hodder et al.(2006)和Kim and Shi(2013)的文章认为公允价值有助于公司特质信息的传递。但需要

---

[*] 谢成博,清华大学经济管理学院金融系博士生;张海燕,清华大学经济管理学院会计系副教授;何平,清华大学经济管理学院金融系副教授。通信作者及地址:何平,清华大学经济管理学院,100084;E-mail:heping@sem.tsinghua.edu.cn。本文得到国家自然科学基金面上项目"国有企业双重代理问题研究"(71172005)的资助。感谢匿名审稿人对本文提出的宝贵意见。当然,文责自负。

注意的是,公允价值会计角色的发挥需以公开透明、交易活跃的外部市场为前提。Dietrich et al.(2001)、Beatty and Weber(2006)和Hilton and O'Brien(2009)的研究均发现,如果缺乏活跃市场的公开交易价格,公允价值估计中的主观判断成分更容易导致利润操纵行为,损害财务报告的质量。

公允价值计量模式的顺周期效应则在全球金融危机之后引起了学者们的注意。按照金融稳定理事会(Financial Stability Board,简称FSB)的定义,顺周期性是一种正反馈机制,在其作用下,金融系统会放大经济波动并因此滋生或加剧金融系统的脆弱性。顺周期效应产生的最主要原因是激励机制。Allen et al.(2008)、Plantin et al.(2008)研究发现,公允价值会计在资产折价出售时会激励其他金融机构变卖该折价资产,进一步恶化其资产状况,催生金融机构之间的危机传导,加剧市场的恐慌。然而,例如黄世忠(2009)、黄静如和黄世忠(2013)等现有的文献倾向于将银行等金融机构作为研究的主体,对于资本市场的研究并不多见。在我国,随着新会计准则的实施,上市公司普遍将公允价值计量方法纳入其信息披露的流程中。该变化是否会对资本市场的参与者提供不同的激励,并导致顺周期性的产生呢? 鉴于顺周期性的重要特征便是市场的波动性变大,在后文中波动性将是我们研究的主要对象。

我国资本市场尚处于发展阶段,在市场运作机制等方面都存在诸多监管规定,较长的审批程序会增加估值的不确定性。此外,杨敏等(2012)认为我国市场体系不够健全,金融产品的交易品种有限,市场深度不够,流动性也较差。在当前的市场条件下,国际会计准则界定的第三级次缺乏活跃市场的公允价值普遍存在。[1] 这种市场环境下,公允价值的估值将面临更多的不确定性,需要较高程度的职业判断。但是我国市场参与者的成熟度普遍不高,专业人员队伍也比较欠缺。对于众多无法获取内幕信息的外部投资人来讲,由于信息披露不足,信息不确定性太高,易出现过度自信、过度恐慌等极端性交易行为,引起市场价格的非理性波动。

即使资本市场充分理性,上市公司股东及管理层出于对股价表现的考虑,也会试图调整短期会计业绩来抬高股价(Stein,1989)。公允价值计量方法的推行,给股东和经理人寻求短期会计收益提供了一个便捷的渠道。通过投资短期

---

[1] 国际财务报告准则规定,公允价值的应用分成三个级次:第一,资产或负债等存在活跃市场的,活跃市场中的报价应当用于确定其公允价值;第二,不存在活跃市场的,参考熟悉情况并自愿交易的各方最近进行的市场交易中使用的价格或参照实质上相同或相似的其他资产或负债等的市场价格确定其公允价值;第三,不存在活跃市场,且不满足上述两个条件的,应当采用估值技术等确定公允价值。

内价格上升较大的热门行业,以可交易金融资产项目计入利润,抬高短期会计业绩,据以抬高股票收益。在我国监管机制尚不完善的市场条件下,大量公司对该策略的实施,可能会对资本市场的波动性造成影响。因此,本文对该策略与股票波动的关联性加以深入探讨。

鉴于波动性是衡量新兴资本市场总体质量的关键指标之一(Bekaert and Harvey,1997),公允价值计量模式对我国市场波动性影响的问题,具有很强的现实意义。胡奕明和刘奕均(2012)研究了我国公允价值会计与市场波动之间的关系,发现在市场处于波动状态时,公允价值会计确实会增加公司股价的波动性。但是,当前研究基本上关注的是公司层面的波动性,对于行业层面和市场宏观层面的波动性涉及并不多,而后者对于新兴资本市场来说更为关键,更能够体现公允价值会计的综合效应。

传统的金融模型将影响股票估值的信息划分为市场、行业和公司特质三个层面,且三个层面信息的分布状况是资本市场成熟度的体现(Morck et al.,2000)。由此,根据公允价值会计对三个层面波动性的影响,可推知公允价值会计对资本市场质量的影响。具体而言,首先,如果公允价值会计仅与公司特质波动正相关,对行业和市场波动没有显著影响,则意味着该计量模式有助于公司特质信息的传递。这是公允价值改善资本市场质量的理想状况,我们称之为"更多信息披露"。其次,如果公允价值会计仅导致市场层面波动增加,对行业及公司层面波动性没有显著影响,则意味着公允价值计量模式会增加资本市场整体的波动性。这就是我们称之为"更高系统性风险"的情形。当然,如果公允价值计量模式推行后,对各个行业的波动性影响不同,则说明公允价值计量属性只会对部分行业的信息传递带来影响。

本文将借鉴 Campbell et al.(2001)的思想,将波动性分解成公司特质波动性、行业波动性和资本市场波动性三个层次,并逐步研究公允价值计量模式的角色。我们的研究发现,公允价值计量模式的推行,会显著提高资本市场的整体波动性和公司特质波动性,但是对行业波动性的影响并不显著。一方面,公允价值计量模式会增加公司的特质风险,增加企业层面的信息披露,有助于改善资源的配置。另一方面,公允价值计量模式会增加资本市场的系统风险,不利于资本市场分散或转移投资风险功能的实现。这就是公允价值计量属性在我国上市公司中全面推行后的双重效果。

本文的研究意味着,公允价值计量模式确实有助于公司特质信息的传递,改善了资本市场质量,这与当前主流的研究结果基本一致。不同的是,我们的研究还指出,公允价值计量模式显著提升了资本市场的系统性风险。这一结果可能归因于上市公司股东和经理人的短期行为。我国资本市场普遍存在投资渠道深度和广度不足的问题,热门行业寥寥无几,往往会出现公司投资项目相似及扎堆的情况(参见林毅夫等,2010;黄世忠,2012),其结果就是不同公司的相似度增加,行业区分度变得模糊,两种效应共同导致了市场波动性加强。

本文后续的结构安排如下:第二部分是关于研究模型的构建,第三部分是样本介绍和描述性统计,第四部分是研究结果及分析,最后一部分是结论和政策建议。

二、研 究 设 计

本文的核心问题是研究公允价值计量推行对资本市场股票波动性的影响。首先,我们需要探讨波动性的估算方式,然后分析新会计准则实施前后各层级波动率的变化,来研究公允价值计量对资本市场质量的影响。

(一)波动性的分解模式

根据 Campbell et al. (2001)的理论模型,波动性的分解模型推演过程如下:
行业收益率的变动遵循如式(1)所示的行业 CAPM 模型:

$$R_i = \beta_i R_m + \varepsilon_i \tag{1}$$

其中,R_i 是行业收益率,R_m 是市场指数收益率。

个股收益率的变动情况遵循如式(2)所示的 CAPM 模型:

$$R_{ij} = \beta_{ij} R_i + \varepsilon_{ij} = \beta_{ij}\beta_i R_m + \beta_{ij}\varepsilon_i + \varepsilon_{ij} \tag{2}$$

其中,ij 表示 i 行业的 j 股票,R_i 是行业收益率,R_m 是市场指数收益率。由于市场收益率与残差间具有正交性,一只股票的波动率可分解为市场波动率、行业残差波动率和公司残差波动率,具体公式如式(3)所示:

$$\sigma_{ij}^2 = \beta_{ij}^2 \beta_j^2 \sigma_m^2 + \beta_{ij}^2 \mathrm{var}(\varepsilon_i) + \mathrm{var}(\varepsilon_{ij}) \tag{3}$$

其中,σ_{ij}^2 是行业 i 内第 j 只股票的波动性,σ_m^2 代表市场层面波动性,$\mathrm{var}(\varepsilon_i)$ 为行业残差波动性,$\mathrm{var}(\varepsilon_{ij})$ 则为个股残差波动性。据此,波动性已经分解成市场、行业和企业三个层面。

(二) 波动率的估计方式

1. 市场波动率

为计算市场波动率,我们首先估算出市场的日收益率。参照 Campbell et al. (2001) 模型,我们构造市场指数,利用总市值加权(取每个季度的首日交易数据作为权重)计算市场收益率。然后,针对每一个季度 t,利用日收益率数据估算出每日市场波动率,计算方式如式(4)所示:

$$\sigma_{mt}^2 = \frac{1}{n-1} \sum (r_s - \bar{r})^2 \tag{4}$$

其中,n 是季度内交易天数,r_s 是第 s 日的收益率,$\bar{r}$ 是季度内平均日收益率。假设一年有 250 个交易日,同时每日之间的收益率相互独立,我们可按如下的式(5)将季度波动率标准化,以避免交易天数对于结果造成的影响。

$$\text{MKT}_t = \frac{250/4}{n-1} \sum (r_s - \bar{r})^2 \tag{5}$$

2. 行业残差波动率

类似地,为计算行业波动率,首先需要估算出行业收益率。为兼顾权威性和明细化,我们选用了证监会的行业细分类别作为划分行业的标准。针对每一行业,将行业内的全部公司按照总市值加权计算出行业收益。然后,运用 OLS 方法[1],根据式(1)对每个季度内所有的行业进行估计,求取每天的残差 ε_{is}。最后,再利用如式(6)的方法估计出残差的波动率,标准化后得到行业残差波动率的估计值 IND_{it},其中下标 t 代表季度。

$$\text{IND}_{it} = \frac{250/4}{n-1} \sum \varepsilon_{is}^2 \tag{6}$$

3. 公司残差波动率

在每一个季度,根据式(2),针对每一个行业,我们用行业收益率对行业内全部个股收益率进行 OLS 回归,求得残差 ε_{ijs},其中下标 i 代表行业,j 代表公司。接下来,根据式(7)计算求出公司层面的残差波动率,其中下标 t 代表季度:

$$\text{FIRM}_{ijt} = \frac{250/4}{n-1} \sum \varepsilon_{ijs}^2 \tag{7}$$

---

[1] 在 Campbell et al.(2001) 中,作者利用 beta 系数的加总特性,避免了对模型进行回归,巧妙地将总体波动率近似地分解成为市场波动率、行业加总波动率以及公司加总波动率。然而,本文的研究涉及公司层面及行业层面的微观数据,无法利用 beta 系数的这一特性。因此,在对残差进行估计时,仍然需要采用回归方法。

(三)波动性的影响因素分析

波动性是资本市场质量的根本体现之一,因此,资本市场的其他特质,以及影响资本市场的宏观经济要素,均会影响到市场层面的波动性。此外,行业层面和公司层面的波动性,也会受到来自行业或者公司特质要素的影响。

1. 资本市场特性因素

在资本市场层面,市场集中度和市场收益状况对波动率的影响较大。市场中的股票数目越少,资本市场的集中度越高,个股与市场之间波动率的关联性越强。如果股票市场只有一只股票,则单只股票的波动与市场的波动完全重叠。随着市场中股票数目增加,集中度逐步变小,单只股票的波动对资本市场整体波动的影响则比较复杂。我们采用 Herfindahl Index(H_index)来度量市场集中度。H_index 的计算公式如式(8)所示:

$$H\_index = \sum w_i^2 \qquad (8)$$

其中,w_i 是资本市场市值前50名股票的市值占总市值的权重,其平方和就是 H_index。H_index 值越大,说明市场集中度越高,也意味着市场波动性更可能受高市值股票的影响。为与前面变量的研究区间相匹配,我们将求取市场集中度的季度值,并以每季度首个交易日为样本来计算该季度的市值权重。

资本市场的收益状况也会影响波动性。当前大量的经验研究表明,市场在上涨阶段和下跌阶段的波动态势存在差异。为控制市场收益率不同变化趋势下波动性的差异,我们将季度收益率分解为正部和负部两个变量,并引入相应的模型中。如果季度收益率大于0,则 R^+ 的值为季度收益率,否则为0;如果季度收益率小于0,则设 R^- 的值为季度收益率的绝对值,否则为0。

2. 宏观经济因素

由于本文关注的重点之一是资本市场整体质量,能够影响资本市场的因素都可能会影响到波动性的变化。宏观的经济增长会影响到投资人的信心和投资渠道选择,自然也会影响到股价的波动态势。另一方面,货币供应量的变化在影响物价的同时,也会影响到投资人的偏好和投资取向,也可能会影响到股价的交易特性。因此,我们选择工业增加值增长率(INV)、货币供应量变化率($\Delta M2$)两个指标来反映宏观经济因素的影响。

3. 财务因素

公司的财务特征可能会影响到股票的特质波动性。首先,负债率 B/S(公司负债与总资本的比率)会影响到股票波动率,负债率越高意味着股票的风险越高,其波动率也可能会越高。其次,公司的盈利能力 ROA 也可能会影响到股票交易的波动性(Pastor and Veronesi,2003;Irvine and Pontiff,2009)。另外,市净率 MtoB 能反映公司的增长前景,也是影响波动率的重要因素(Xu and Malkiel,2001;Cao et al.,2008)。为了控制公司财务特征对不同层面波动率的影响,在公司层面,我们直接采用 B/S、ROA 和 MtoB 的季度观测值;在行业和市场层面,我们则以总市值作为权重计算得出行业及市场总体的 B/S、ROA 和 MtoB。最后,鉴于公司规模大小也可能会影响特质波动性,我们将公司规模变量 SIZE 也纳入公司层面的回归模型之中。

(四) 回归模型

根据上述分析,我们构建了三个层面的回归模型,公司层面、行业层面和市场层面分别对应着式(9)、式(10)和式(11):

$$\text{FIRM}_{ijt} = \alpha_{ij} + \beta_{ij1}D_t + \beta_{ij2}R^+_{ijt} + \beta_{ij3}R^-_{ijt} + \beta_{ij4}\text{INV}_t + \beta_{ij5}\Delta M2_t \\ + \beta_{ij6}(B/S)_{ijt} + \beta_{ij7}\text{ROA}_{ijt} + \beta_{ij8}\text{MtoB}_{it} + \beta_{ij9}\text{SIZE}_{ijt} + \varepsilon_{ijt} \quad (9)$$

其中,D_t 是政策哑变量,代表会计准则变动前后波动率的漂移变化。2007 年 1 季度之前取值为 0,2007 年 1 季度及以后取值为 1。其他指标同上文所述,另外,表 1 也列示了全部指标的说明,在此不再赘述。

行业层面的分析模型如式(10)所示:

$$\text{IND}_{it} = \alpha_i + \beta_{i1}\text{IND}_{it-1} + \beta_{i2}D_t + \beta_{i3}R^+_{it} + \beta_{i4}R^-_{it} + \beta_{i5}\text{INV}_t + \beta_{i6}\Delta M2_t \\ + \beta_{i7}(B/S)_{it} + \beta_{i8}\text{ROA}_{it} + \beta_{i9}\text{MtoB}_{it} + \varepsilon_{it} \quad (10)$$

市场层面的分析模型如式(11)所示:

$$\text{MKT}_t = \alpha_0 + \beta_1\text{MKT}_{t-1} + \beta_2D_t + \beta_3\text{H\_index}_t + \beta_4R^+_{mt} + \beta_5R^-_{mt} + \beta_6\text{INV}_t \\ + \beta_7\Delta M2_t + \beta_8(B/S)_t + \beta_9\text{ROA}_t + \beta_{10}\text{MtoB}_t + \varepsilon_t \quad (11)$$

由于公司层面和行业层面都是面板数据格式,作者进一步的模型设定检验表明,公司层面分析应采用固定效应变截距模型,行业层面则应该采用变系数模型(即各个行业分别进行回归)。我们将公司层面的模型重新设定为式(12):

$$\text{FIRM}_{ijt} = \alpha_0 + \alpha_{ij} + \beta_1D_t + \beta_2R^+_{ijt} + \beta_3R^-_{ijt} + \beta_4\text{INV}_t + \beta_5\Delta M2_t \\ + \beta_6(B/S)_{ijt} + \beta_7\text{ROA}_{ijt} + \beta_8\text{MtoB}_{ijt} + \beta_9\text{SIZE}_{ijt} + \varepsilon_{ijt} \quad (12)$$

如果公允价值计量会导致行业层面或者公司特质层面波动率上升,我们预计,在控制相关的宏观经济因素后,变量 D_t 的估计系数显著大于0。反之,变量 D_t 的估计系数可能显著小于0,或者不显著。

需要注意的是,样本期间内,资本市场经历了包括股权分置改革、金融危机、创业板、融资融券等在内的一系列重大事项,而这些事项或多或少地会对资本市场格局造成冲击,因此,仅以新准则推出前后各个层面波动率的变化来推断公允价值的影响,未免有失偏颇。为了更加准确地衡量公允价值计量模式,我们同时采用公允价值比例(由公允价值计价资产除以总资产计算得到,记作 Mar_ratio)作为解释变量进行回归(即将公式中的 D_t 更换为 $D_t \times \text{Mar\_ratio}_t$[1])。表 1 为相关变量的说明表。

表1　变量说明表

1. 被解释变量	
MKT	衡量市场指数收益率的季度波动率,通过式(5)计算获得
IND	衡量行业收益率的季度波动率,通过式(6)计算获得
FIRM	衡量公司收益率的季度波动率,通过式(7)计算获得
2. 解释变量	
D	政策变量,公允价值会计实施哑变量,2007 年 1 季度前为 0,其余为 1
Mar_ratio	公允价值比例,由公允价值计价资产除以总资产得到
3. 控制变量	
H_index	Herfindahl Index,代表市场集中度,计算如文中的式(9)所示
R^+	收益率大于等于 0 时为收益率,小于 0 时为 0
R^-	市场(行业)收益率大于等于 0 时为 0,小于 0 时为收益率的绝对值
INV	工业增加值的增长率
$\Delta M2$	当月货币量的变化率
B/S	负债率
MtoB	股票市值与净资产的比值
ROA	公司的税前净利润除以总资产
SIZE	公司的规模大小,由公司每季度初市值的对数值计算得到

三、样本选取及描述性统计

本文研究样本为 2002 年 1 月—2011 年 12 月间上海证券交易所正常上市

---

[1] 我们认为,2007 年以前,公允价值比例并不会对股票波动率产生影响,因此我们采用了交叉项的形式引入回归方程。

的全部公司。为增加科学性和可比性,我们仅选取这十年间一直存在的股票。为了避免金融业的特殊性对结果造成的误差,我们同时剔除了所有的金融业股票,最终剩余的有效股票数为 508 只。市场交易数据来源于锐思数据库,宏观经济变量来自国家统计局统计数据库,其他数据来源于 Wind 数据库。2007 年年初新准则的推行,是公允价值计量模式正式实施的起点。因此,我们将公允价值正式实施的界限设定在 2007 年 1 季度,实施后至 2011 年期间有 5 年的时间,为确保样本期间的匹配,将 2002 年 1 季度设定为样本起始期。

表 2 报告了相关变量的描述性统计结果,分被解释变量、解释变量和控制变量三个部分披露。其中,被解释变量、解释变量和一些控制变量系依不同层面而采用不用的权数加权平均而得,在此分别列示。从该表的被解释变量部分可见,公司特质波动率的均值为 0.031,中位数为 0.023,高于市场波动率(均值为 0.021,中位数为 0.013)。而行业波动率最低,均值为 0.010,中位数仅为 0.005。

表 2　描述性统计分析表

1. 被解释变量		均值	标准差	最小值	中位数	最大值
公司特质波动率 FIRM		0.031	0.086	4.756E-05	0.023	0.123
行业波动率 IND		0.010	0.093	2.192E-04	0.005	0.043
市场波动率 MKT		0.021	0.018	0.003	0.013	0.077
2. 解释变量		均值	标准差	最小值	中位数	最大值
公司层面 Mar_ratio		0.016	0.055	−0.003	0.000	0.827
行业层面 Mar_ratio		0.017	0.025	0.000	0.011	0.260
市场层面 Mar_ratio		0.018	0.009	0.002	0.019	0.036
3. 控制变量		均值	标准差	最小值	中位数	最大值
各层面共同的宏观因素	INV(%)	14.858	2.773	6.433	15.308	18.950
	$\Delta M2$	0.043	0.017	0.008	0.041	0.110
公司层面控制变量	B/S	0.500	0.231	0.019	0.504	6.515
	MtoB	3.811	7.659	−305.500	2.963	253.333
	ROA(%)	3.803	5.395	−156.473	2.831	189.731
	SIZE	21.912	1.021	18.896	21.788	28.125
行业层面控制变量	B/S	0.479	0.109	0.040	0.468	1.069
	MtoB	3.724	2.136	−2.899	3.232	21.489
	ROA(%)	4.868	3.728	−2.507	4.058	26.010
市场层面控制变量	H_index	0.027	0.011	0.013	0.028	0.056
	B/S	0.517	0.051	0.420	0.535	0.575
	MtoB	3.652	1.656	1.703	3.410	9.722
	ROA(%)	5.207	2.518	1.205	5.025	10.606

解释变量部分主要报告了公允价值比例变量（Mar_ratio）在三个层面的数值，由于加权的流程和权重不同，三个层面加总的 Mar_ratio 数值略有差异。各个层面的均值比较接近，基本都在 0.017 左右，说明公允价值计价的资产仅占总资产的 2% 左右。三个层面中位数的数值差异较大，但是基本上都很低。尤其是公司层面的 Mar_ratio，中位数等于 0，说明超过一半的公司根本就没有公允价值计价的资产。

控制变量部分报告了工业增加值增长率（INV）和货币供应量变化率（$\Delta M2$）两个宏观经济要素变量的描述性统计结果。INV 和 $\Delta M2$ 的中位数和均值都为正，与当前的宏观经济形势一致。三个层面的负债率（B/S）在 0.5 左右，说明企业的总资产基本上一半来自负债，负债比例比较合理。各个层面的市净率（MtoB）都在 3 以上，显示上市公司较强的增长潜力。盈利能力（ROA）的均值和中位数基本都在 5% 左右，说明上海证券交易所的 A 股上市公司盈利能力尚可。

为了分析公允价值计量模式推行前后，各个层面波动率的变化，我们进行了描述性统计检验，具体结果列示于表 3。由该表可见，三个层面波动率的均值和中位数在 2007 年后均有显著的提升。除行业层面的均值在 10% 水平上显著外，其他均值和中位数均在 1% 的显著性水平下显著增加。

表 3　描述性统计检验结果

波动率	均值（2007 年前）	均值（2007 年后）	Welch F-test	中位数（2007 年前）	中位数（2007 年后）	Wilcoxon/Mann-Whitney test
FIRM	0.022	0.040	209.09***	0.016	0.031	54.336***
IND	0.004	0.016	3.04*	0.003	0.007	11.564***
MKT	0.012	0.031	14.12***	0.011	0.024	3.665***

注：*、**和***分别代表在 10%、5% 和 1% 的显著性水平下显著。

四、研究结果及分析

（一）公允价值计量模式推行后公司特质波动率的变化

表 4 列示了公允价值计量模式对公司特质波动率影响的研究结果。该表分为三列：第一列是解释变量和相关的控制变量，第二列对应着用公允价值计量推行哑变量 D_t 作为解释变量的结果，第三列对应着以哑变量与公允价值比例

变量交叉项 $D_t \times \text{Mar\_ratio}_{ijt}$ 作为解释变量的回归结果。两列回归的控制变量完全相同,均依照式(12)所列的模型进行。

表4 公允价值计量模式推行后公司特质波动率的变化

解释变量	政策哑变量 D_t		政策哑变量 $D_t \times \text{Mar\_ratio}_{ijt}$	
intercept	0.155***	(22.86)	−0.021***	(−3.92)
D_t	0.015***	(40.32)		
$D_t \times \text{Mar\_ratio}_t$			0.025***	(7.79)
R^+	0.050***	(71.39)	0.055***	(77.02)
R^-	0.013***	(9.58)	0.027***	(19.94)
INV	0.0005***	(10.30)	0.000022	(0.43)
$\Delta M2$	−0.114***	(−13.31)	−0.111***	(−12.63)
B/S	0.006***	(4.94)	0.022***	(17.71)
ROA	−3.21E-05	(−0.94)	−5.9650E-05*	(−1.92)
MtoB	0.0004***	(8.27)	0.0002***	(4.90)
SIZE	−0.007***	(−21.33)	0.002***	(6.78)
F 值	28.914***	(0.00)	24.6020***	(0.00)
Observations	18 790		18 790	
R^2	0.43		0.39	

注:系数估计值右边括号中为 OLS 回归的 t 检验值,F 检验右边括号中是极端概率值(p-value)。*、** 和 *** 分别代表在10%、5%和1%的显著性水平下显著。

从第二列的结果来看,公允价值实施政策哑变量 D_t 的估计系数为0.015,对应的 t 值为40.32,在1%水平上显著。说明公允价值计量模式推行后,公司特质波动率显著上升。收益率的估计系数均在1%水平上显著为正,表明收益率变化的绝对大小与波动率密切相关,而收益率为正时相关性更为明显。宏观经济要素方面,INV 的估计系数在1%水平上显著为正,说明工业增加值增长率的增加会显著提升波动率;$\Delta M2$ 的估计系数则在1%水平上显著为负,说明货币供应量的增加会导致公司的波动率下降。至于公司的财务特征,负债率(B/S)和市净率(MtoB),均在1%水平上显著为正,说明负债率高、增长潜力大的公司,公司特质波动率较大,与预期相符。

从第三列的结果来看,哑变量与公允价值比例变量交叉项 $D_t \times \text{Mar\_ratio}_{ijt}$ 的估计系数为0.025,对应的 t 值为7.79,也在1%水平上显著。说明公允价值计量模式推行后,公允价值比例越高的公司,其特质波动率上升越多。其他资本市场和经济要素控制变量,以及企业财务特征控制变量,相关的系数与第二列基本一致,在此不再赘述。

出现该结果的原因在于,公允价值会计的及时性导致公司层面的波动性上升。公允价值会计实施后,企业必须定期调整相关资产的公允价值变动损益,及时确认价值变化对会计利润的影响。会计信息的影响提前得到确认,信息披露更加及时。由于收益的提前确认,原本影响长期现金流的信息开始影响短期现金流,根据股票定价的折现现金流模型,该信息的折现因子减弱,信息的影响增强,波动率变大。这种情况下,波动率更可能蕴含着公司层面信息的传递。该结果与之前的研究结果相吻合。

(二) 公允价值计量模式推行后行业波动率的变化

由于行业层面是面板数据,需要进行模型的有效性测试。我们对原来设计的行业分析模型式(10)进行科学的模型设定检验后发现,原来的模型无效,应采用变系数模型,对单个行业分别进行回归。至此,我们按照证监会细分的18个行业,分别展开分析。在对各个行业进行分析时,因变量是行业层面波动率,解释变量是哑变量 D_t 和交叉项 $D_t \times \text{Mar\_ratio}_{it}$ 两种情形,其他控制变量均与式(10)所列相同。出于篇幅限制,在此仅报告解释变量的估计系数及 t 检验值,列示于表5中。

由表5可见,在18个行业中,只有D、E、K这3个行业的两个解释变量估计系数均显著为正。[1] 其他15个行业,要么只有一个解释变量显著为正,要么都不显著,甚至都为负数。这说明,公允价值计量模式对各个行业的影响不尽相同,而且大部分不显著。究其原因,可能是近年来,我国上市公司多元化趋势明显,大量公司实行多元化投资战略,导致行业内公司的业务差异不断增加。这种趋势下,一些传统行业的特征和界限日渐模糊,行业公司的相关性下降,因此,即使公司特质波动率上升,行业层面波动率也有可能维持原位。Campbell et al. (2001) 的研究也指出,如果一个市场组合内各只股票的相关性下降,那么当各只股票的波动率上升时,该组合的波动率仍然可能维持原位。

---

[1] D是电力、煤气及水的生产和供应业,E是建筑业,K是社会服务业。

表5 公允价值计量模式推行后各行业解释变量的估计结果

行业代码	解释变量=政策哑变量 D_t	解释变量=行业层面 $D_t \times \text{Mar\_ratio}_{it}$	行业代码	解释变量=政策哑变量 D_t	解释变量=行业层面 $D_t \times \text{Mar\_ratio}_{it}$
A	0.003	3.859	C8	0.006	0.381**
	(0.65)	(0.64)		(1.44)	(2.06)
B	0.001	−0.573*	D	0.003*	0.188***
	(0.50)	(−1.80)		(1.91)	(2.73)
C0	0.003	−0.065	E	0.007*	2.644***
	(1.12)	(−0.27)		(1.66)	(2.75)
C1	−0.014*	−0.103	F	0.000	−0.084
	(−1.89)	(−1.53)		(−0.19)	(−0.96)
C3	−0.056	−2.336	G	0.003	0.145
	(−1.06)	(−1.44)		(1.57)	(1.36)
C4	0.000	0.010	H	0.000	0.008
	(−0.07)	(0.15)		(0.48)	(0.29)
C5	0.002	0.938***	J	0.002	0.242
	(1.08)	(6.27)		(1.16)	(0.99)
C6	−0.001	−0.153	K	0.004*	0.066**
	(−0.70)	(−0.99)		(1.74)	(2.38)
C7	−0.001	0.078	M	0.002	0.013
	(−0.62)	(0.67)		(1.30)	(0.46)

注:括号内为OLS回归的t检验值;*、**和***分别代表在10%、5%和1%的显著性水平下显著。

(三) 公允价值计量模式推行后市场波动率的变化

表6列示了公允价值计量模式对市场波动率影响的研究结果。该表分为三列:第一列是解释变量和相关的控制变量,主要回归结果位于第二、三列,其中第二列对应着以公允价值计量推行哑变量D_t作为解释变量的结果,第三列对应着以哑变量与公允价值比例变量交叉项$D_t \times \text{Mar\_ratio}_t$作为解释变量的回归结果。两列回归的控制变量完全相同,均依照式(11)所列的模型进行。

表6 公允价值计量模式推行后市场层面波动性的变化

被解释变量	MKT	MKT
intercept	0.0336	0.0372
	(1.02)	(0.98)
被解释变量滞后一期	0.5601***	0.5384***
	(5.42)	(5.01)
D_t	0.0152***	
	(2.96)	
$D_t \times \text{Mar\_ratio}_t$		0.6236**
		(2.37)
H_index	0.5902***	0.5462***
	(3.64)	(3.33)
R^+	0.0050	0.0081
	(0.33)	(0.53)
R^-	0.0642**	0.0642***
	(2.57)	(2.47)
INV	0.0001	0.0001
	(0.14)	(0.14)
$\Delta M2$	-0.2124	-0.2000
	(-1.62)	(-1.48)
B/S	-0.0780*	-0.0792
	(-1.76)	(-1.43)
MtoB	-0.0007	-0.0008
	(-1.44)	(-1.53)
ROA	-0.0004	-0.0010
	(-0.42)	(-0.96)
F值	12.1940	11.6310
	(0.00)	(0.00)
Observations	40	40
R^2	0.75	0.74

注：系数估计值下，括号中为OLS回归的t检验值，F值下括号中是极端概率值（p-value）。*、**和***分别代表在10%、5%和1%的显著性水平下显著。

从第二列的结果来看，公允价值实施政策哑变量D_t的估计系数为0.0152，对应的t值为2.96，在1%水平上显著。说明公允价值计量模式推行后，市场波动率显著上升。对比表4的结果，该系数与公司层面解释变量系数接近，说明公允价值计量模式对市场总体的影响和对公司特质的影响差不多。资本市场上涨和下跌阶段的收益率变量中，仅下跌收益率R^-的估计系数显著为正，说明资本市场指数上涨不一定能够带动波动率增加，但是指数下跌却能够引起波动率增加。经济增长要素变量INV与货币增加量$\Delta M2$的估计系数不显著，这与公司层面回归的结果不一致,这是中国资本市场宏观经济与股市背离的又一例证。

从第三列的结果来看,哑变量与公允价值比例变量交叉项 $D_t \times \text{Mar\_ratio}_t$ 的估计系数为 0.6236,对应的 t 值为 2.37,在 5% 水平上显著。对比表 4 的结果看,该系数远远大于公司层面的情形,说明公允价值计量模式对市场层面的波动率影响的幅度更大。其他资本市场和经济要素控制变量,以及企业财务特征控制变量,估计系数基本上与第二列相一致,在此不再赘述。

结合第(二)部分的结果,我们发现,公允价值计量模式对行业层面波动率的影响不尽相同,但是能够显著提升资本市场整体的波动率。该结果与 Stein(1989)的理论模型十分吻合,该模型假设,由于经理人短期性行为的存在,经理人会追逐短期会计收益的最大化。伴随着公允价值计量模式的引入,经理人在投资中更加依赖于价格信号,上市公司便大力投入到了主营业务以外的其他行业,呈现出投资趋同的现象,而这种行为会进一步对价格信号造成影响,形成正反馈效应。因此,多元化投资实质上属于一种"同质化"——大多数传统行业上市公司的多元化战略,是在主业之外,进入房地产、金融、信息咨询等领域。因此,尽管从单个行业的角度看,一些行业内公司的相关性下降,但是从资本市场整体看,大量多元化的公司存在着紧密的关联性,而这种关联性无疑放大了资本市场的顺周期性。

五、结论及政策意义

我国是典型的新兴市场,相关资产或负债不存在活跃市场报价或者不存在同类或者类似资产活跃市场报价的情形非常普遍。采用公允价值会计时,需要采用现值计量等估值技术来确定相关资产或负债的公允价值。此时,公允价值计量更多地依赖于主观判断和风险估值技术。反映到对公司股票交易特性的影响,可能就是股价波动的频度和幅度增加。

我们以 2002 年 1 月 1 日至 2011 年 12 月 31 日期间上海证券交易所全部 A 股上市公司为样本,分析了公允价值计量模式实施前后,公司、行业以及资本市场三个层面的波动性变化。研究发现,公允价值计量模式的推行,会显著增加公司特质波动性和市场波动性,但对各个行业波动性的影响各异。本文的研究意味着:一方面,公允价值计量模式导致资本市场的系统性风险增加,对资本市场具有系统性和根本性的影响;另一方面,公允价值计量模式可以增加企业层面的信息披露,有助于改善微观层面的资本配置效率。

公允价值计量模式会显著提升公司层面股价的波动率,但是对各个行业的影响却不尽相同。我们认为,公允价值计量模式的引入,除了提升资本市场信息质量外,还影响到了上市公司股东和经理人的投资激励。由于股东和经理人的短期性行为,近年来我国上市公司多元化趋势明显,大量公司进行多元化投资战略,追逐短期的市场波动,导致传统行业的特征和界限日渐模糊,行业公司的相关性下降。由于我国的资本市场发展远未完善,投资渠道较为有限,往往形成投资集中的现象,上市公司纷纷将闲散资金投入房地产及金融行业。因此,尽管从单个行业的角度看,一些行业内公司的相关性下降,但是从资本市场整体看,大量多元化的公司朝着相似的方向发展,相互之间的联动性增强,系统性风险显著提升。本文的结果再次揭示了资本市场基础设施建设的系统性和复杂性,反映了多种基础设施配套建设的必要性,尤其是外部监管措施与公司治理结构同时发展的必要性。

结合我国特殊的市场环境和投资条件,本文尝试从三个层面波动率的角度,全面深入地剖析了公允价值计量模式对资本市场质量的影响。本文的研究意味着,在发展中资本市场背景下推行公允价值计量时,如果缺乏配套的监管和约束机制,盲目地推行可能会给资本市场带来不利的影响。本文的研究指出了在发展中国家推行公允价值计量的利弊所在,为相应的政策建议出台提供了思路,也为新兴经济体公允价值计量模式的运用提供了一定的参考。

参 考 文 献

[1] 胡奕明、刘奕均,2012,公允价值会计与市场波动,《会计研究》,第6期,第12—18页。
[2] 黄静如、黄世忠,2013,资产负债表视角下的公允价值会计顺周期效应研究,《会计研究》,第4期,第3—11页。
[3] 黄世忠,2009,公允价值会计的顺周期效应及其应对策略,《会计研究》,第11期,第23—29页。
[4] 林毅夫、巫和懋、邢亦青,2010,"潮涌现象"与产能过剩的形成机制,《经济研究》,第10期,第4—19页。
[5] 罗婷、薛健、张海燕,2008,解析新会计准则对会计信息价值相关性的影响,《中国会计评论》,第3期,第129—140页。
[6] 钱爱民、张新民,2008,新准则下利润结构质量分析体系的重构,《会计研究》,第6期,第31—38页。
[7] 王玉涛、石晓乐,2008,公允价值的价值相关性新会计准则下金融资产的证据,清华大学2008年工作论文。

[8] 于李胜,2007,盈余管理动机、信息质量与政府监管,《会计研究》,第 9 期,第 42—49 页。

[9] 杨敏、李玉环、陆建桥、朱琳、陈瑜,2012,公允价值计量在新兴经济体中的应用:问题与对策——国际会计准则理事会新兴经济体工作组第一次全体会议综述,《会计研究》,第 1 期,第 4—9 页。

[10] 张龙平、聂曼曼,2008,新准则环境下的审计业务流程优化问题研究,《管理世界》,第 7 期,第 180—181 页。

[11] Allen, F. and E. Carletti, 2008, Mark-to-market accounting and liquidity pricing, *Journal of Accounting and Economics*, 45:358—378.

[12] Bank for International Settlements, 2009, Addressing financial system procyclicality: A possible framework, Note for the FSF Working Group on Market and Institutional Resilience, April.

[13] Barth M. E., W. H. Beaver and W. R. Landsman, 1996, Value-relevance of banks fair value disclosures under SFAS No. 107, *The Accounting Review*, 71(4):513—537.

[14] Beatty, A. and J. Weber, 2006, Accounting discretion in fair value estimates: An examination of SFAS 142 goodwill impairments, *Journal of Accounting Research*, 44(2):257—288.

[15] Bekaert, G. and C. R. Harvey, 1997, Emerging equity market volatility, *Journal of Financial Economics*, 43:29—77.

[16] Campbell, J. Y., M. Lettau, B. G. Malkiel and Y. Xu, 2001, Have individual stocks become more volatile? An empirical exploration of idiosyncratic risk, *The Journal of Finance*, 56:1—43.

[17] Cao, C., T. Simin, and J. Zhao, 2008, Can growth options explain the trend in idiosyncratic risk? *The Review of Financial Studies*, 21(6):2599—2633.

[18] Dietrich, J. R., M. S. Harris and K. A. Muller III, 2001, The reliability of investment property fair value estimates, *Journal of Accounting and Economics*, 30(2):125—158.

[19] Hilton, A. S. and P. C. O'Brien, 2009, Inco Ltd.: Market value, fair value, and management discretion, *Journal of Accounting Research*, 47(1):179—211.

[20] Hodder, L. D., P. E. Hopkins and J. M. Wahlen, 2006, Risk-relevance of fair-value income measures for commercial banks, *The Accounting Review*, 81(2):337—375.

[21] Irvine, P. J. and J. Pontiff, 2009, Idiosyncratic return volatility, cash flows, and product market competition, *The Review of Financial Studies*, 22(3):1149—1177.

[22] Kim, J. B. and H. N. Shi, 2013, IFRS reporting, firm-specific information flows, and institutional environments: International evidence, *Review of Accounting Studies*, 17:474—517.

[23] Morck, R., B. Yeung and W. Yu, 2000, The information content of stock markets: Why do emerging markets have synchronous stock price movements? *Journal of financial economics*, 58(1):215—260.

[24] Pastor, L. and P. Veronesi, 2003, Stock valuation and learning about profitability, *The Journal of Finance*, 58(5):1749—1789.

[25] Plantin, G., H. Sapra and H. S. Shin, 2008, Marking-to-market: Panacea or pandora's box? *Journal of Accounting Research*, 46(2):435—460.

[26] Stein, J. C., 1989, Efficient capital markets, inefficient firms: A model of myopic corporate behavior, *The Quarterly Journal of Economics*, 104(4):655—669.

[27] Xu, Y. and B. G. Malkiel, 2001, Investigating the behavior of idiosyncratic volatility, Working Paper.

More Information Disclosure or Higher Systemic Risk? A Research on the Dual Impact of the Mark-to-market Accounting Rule on Chinese Capital Market

Chengbo Xie　　Haiyan Zhang　　Ping He

(School of Economics and Management, Tsinghua University)

Abstract　The mark-to-market accounting rule was adopted in China since 2007, and we follow Campbell (2001) to decompose the stock volatility into market risk, industry risk and idiosyncratic risk and investigate the effect of new accounting rule on these risks. We find that the new accounting rule contributes to a significant increase of market risk and idiosyncratic risk after 2007, but the effect on industry risk is insignificant. Our findings suggest that the mark-to-market accounting rule increases the co-movement of stocks and thus increases the systemic risk of the market, which cannot be diversified away; at the same time, the mark-to-market accounting rule also improves the information disclosure at the individual stock level, and thus increases the idiosyncratic risk of the stock, which can improve the efficiency of capital allocation. The homogenization trend in Chinese firms might contribute to the insignificant change in industry risk. Our study demonstrates the dual role of mark-to-market accounting rule in Chinese stock market.

Key Words　Mark-to-Market Accounting, Systemic Risk, Idiosyncratic Risk, Information Disclosure

JEL Classification　M41, M48, C23

认知局限与居民借款行为研究

高 明 林莞娟 于丹丹[*]

摘 要 本文首次使用中国健康与养老追踪调查数据,以民间金融为背景,考察居民认知能力与借款行为之间的关系。实证结果发现,认知局限得分与农村居民是否借出资金以及所借出资金占家庭财富的比例显著负相关,表明认知能力影响居民的风险承担决策。通过将农村样本按照贫富分组,发现显著的相关关系仅存在于相对富裕的样本之中。这说明在正规金融较为落后、民间金融活跃的农村地区,认知能力较强的富人更可能从事私人风险借贷。除财富之外,年龄、教育水平、参与社交活动以及家庭年生活支出也是资金出借决策的重要影响因素。本文丰富了精神健康和风险决策行为的研究。

关键词 认知局限,借款行为,家庭财富

一、引言与文献回顾

非正规金融一直是发展中国家与贫困地区居民的主要融资渠道,在中国也同样占有重要的位置(Rosenzweig and Bingswanger,1993;Lee and Sawada,2010;李锐和李宁军,2004)。据测算,中国非正规融资规模在2008年年底达到5.4万亿元(李建军,2010)。相关议题也引起学者的广泛兴趣,比如对民间金融在经济发展过程中所扮演角色的讨论,或者是采用问卷调查方式对局部地区居民利用民间金融的情况以及作用进行个案研究(马光荣和杨恩艳,2011;杨汝岱、陈斌开和朱诗娥,2011)。

---

[*] 高明,北京大学光华管理学院博士后研究员;林莞娟,北京大学光华管理学院副教授;于丹丹,北京大学光华管理学院硕士研究生。通信作者及地址:高明,北京市海淀区颐和园路5号北京大学光华管理学院1号楼306室,100871;E-mail:gaoming@gsm.pku.edu.cn。作者感谢北京大学光华管理学院刘玉珍教授和匿名审稿人的宝贵意见。文责自负。

相对于正规金融,个人的借贷行为更多地与其人口特征有关。传统上,文献以教育水平来衡量金融知识与处理能力。同时,现有绝大部分国外文献以股票、基金等作为风险资产变量(Rosen and Wu,2004)。然而,与发达的金融体系不同,股市参与在中国的乡村与贫困地区极少,民间金融一向是重要的融资渠道。农村地区少有抵押品来保障债权权益,债权人承担了违约风险,其决策能力就显得相当重要。而就认知能力与借贷行为而言,由于缺乏债权人的行为资料,或者债权人多数为正规金融机构,过去的研究多着重在借入方(Borrower)的行为,鲜有人关注借出方(Lender)行为。例如,Utkus and Young(2011)发现将近五分之一的401(k)的参与者有借款的行为,同时借款的比率平均将近16%,并且财务知识与借款行为相关。因此,本文则借助健康文献,采用CHARLS问卷中关于认知能力(认知局限)的标准度量,将认知能力独立于教育水平,针对中国民间金融的调查数据,对居民借款行为(Lending Behavior)加以分析,以了解借出资金的风险决策行为。[1]

研究金融知识与财务行为相当重要。金融知识不仅与风险承担行为有关,更有可能影响财富积累与自行安排退休生活的能力(Bernheim,1995;Lusardi and Mitchell,2011a)。金融知识水平较高时,搜集与处理信息的成本较低,居民较有意愿投资股市(Haliassos and Bertaut,1995;Vissing-Jorgenson,2004;Christelis,Jappelli and Padula,2010;van Rooij,Lusardi and Alessie,2011,2012)。即使在美国,金融知识在低教育水平、女性等特定人群中也有普遍不足的现象(Lusardi,2008)。美国老年人的金融知识和解读能力也往往较为缺乏,对复利、通货膨胀和风险分散的观念更是如此,从而对养老金计划构成影响(Lusardi and Mitchell,2011a;Lusardi,Mitchell and Curto,2012)。研究同时指出,居民对金融知识的解读和认知偏误在各国普遍存在,包括存在投资者教育计划的区域。例如,Calvet,Campbell and Sodini(2007)发现,金融知识较高的瑞典居民投资组合也没有分散化,并且很多人没有参与金融市场。Agarwal et al.(2009)发现居民在贷款市场有认知偏误,比如许多居民会对于信用卡与家庭按揭贷款支付过度的费用。当居民的金融知识有限时,行为偏误的可能性更高(Cocco,Gomes and

---

[1] 部分国内文献综合讨论了股票、基金和民间借贷,作为风险资产进行统一考察(雷晓燕和周月刚,2010)。虽然调查样本中并没有统计借款的利率、期限和违约情况,但根据其借款数额和中国民间基于亲缘或社会网络之间的借贷习惯判断,相当一部分应当具有互助性质,只有模糊的期限,并不规定利率,因此借款行为并不一定属于风险投资,而应区别于股票、基金和非互助的民间借贷,仅视为风险承担行为。

Maenhout,2005;Campbell,2006;Calvet,Campbell and Sodini,2007)。相反,Gustman,Steinmeier and Tabatabai(2010)运用美国老年人样本,发现居民的基本认知能力与退休规划没有关系,退休财富却与金融知识有关。但认为这个关系可能是退休财富的积累导致退休知识的增加,而不是退休知识的增加导致退休财富的累积。因此,认知能力与财富积累的正向关系不能被视为增加认知能力就可以导致居民退休时的财富积累。类似地,Lusardi and Mitchell(2011b)指出,财务知识会影响投资人的选择,但也可能是居民为了金融资产的投资有意识地学习的结果。这样一来,并不能表明是财务知识导致了金融资产投资的增加。所以,到底认知能力会不会影响到居民的财务行为与财富积累,尚没有一致性的结论。

在人口特征方面,Chalmers and Reuter(2012)采用 32 000 个退休员工的资料来观察寿险年金定价的差异,结果发现,寿险年金的需求与人口特征如健康和投资人的情绪有关。Hibbert,Lawrence and Prakash(2010)则首先指出,对于金融知识非常高的群体,人口特征的影响较低。因此,本文推断,人口特征对金融知识较低的居民发挥较为重要的作用。

对金融知识与财务行为的研究往往使用代理变量,但代理变量无法将自身效应和金融知识的影响区分开,从而存在缺陷。例如,有些研究将教育水平作为金融知识的代理变量,但是教育水平同时也是衡量收入的重要变量(Calvet,et al.,2007)。另外,究竟是金融知识影响个人选择,还是个人为了金融资产的配置有意识学习的结果,这种因果关系的推论并不一致。本研究借由健康经济学对于认知能力的衡量,来探讨认知能力对于贷款行为的影响。认知能力与个体的信息处理能力以及决策能力联系紧密。认知心理学的文献主要观察四种能力:定向、记忆、执行功能和语言。这些能力取决于遗传禀赋和环境因素,如成长和受教育的家庭环境,并随时间改变(Richards et al.,2004)。一些研究重点关注认知能力的一个要素,也就是数字运算能力(Measures of Numeracy),结果发现数字运算能力与财富水平正相关(Banks et al.,2010;Smith et al.,2010)。Christelis et al.(2010)分别针对认知能力中三个可能影响到股市参与的维度,即数学、词汇流畅性以及记忆力,考察 11 个欧洲国家超过 50 岁的居民,发现认知能力越强,股市参与度越高。此外,在基金投资(包括退休基金)中也是如此。然而,信息需求较低的资产(如储蓄与债券),则与认知能力无关。

也有文献从精神健康的角度研究认知。Blume and David(2006)在考察教育水平对于资产配置的影响时探讨了认知能力作为作用渠道的可能性,发现认知能力的确是影响资产配置的重要因素。在控制了家庭背景的情况下,认知能力的增强可以提高包括股票、债券、基金在内的多种金融产品持有的可能性。Atella, Brunetti and Maestas(2012)在考察自评健康的影响时对认知能力进行了控制,结果发现认知能力与持有风险性资产正相关。Bogan and Fertig(2013)指出,精神健康可以通过影响个体的最优化能力、契约执行力、情绪管理能力、风险厌恶程度、折现率等影响风险资产配置,针对精神健康之中诊断精神问题、抑郁、认知能力限制以及记忆力四方面的衡量维度,分析发现,精神健康问题会导致风险性资产投资减少,而认知局限或记忆力衰退会使得安全性资产配置增加。

现有的中文文献主要集中于身体健康(包括自评健康)状况对于资产配置的影响。雷晓燕和周月刚(2010)针对中国的情况进行了研究,发现健康状况对城市居民起着非常重要的作用,自评健康状况变差会使其减少金融资产,尤其是风险资产的持有,同时将资产向安全性较高的生产性资产和房产转移,但健康状况的影响在农村却不显著。解垩和孙桂茹(2012)发现,健康冲击是影响中国老年家庭资产配置的重要因素,急性健康冲击减少风险资产的持有,而慢性健康冲击减少耐用消费性资产的投资,增加所持房产的价值量。英文文献中,Rosen and Wu(2004)发现一般或较差的自评健康状况降低风险性资产的持有概率以及持有时风险性资产所占比重。Berkowitz and Qiu(2006)发现健康冲击可以通过减少家庭持有的金融资产影响其资产配置。Edwards(2008)发现健康问题导致个体持有风险性资产的占比降低。但Fan and Zhao(2009)通过固定效应模型发现,健康变量与资产配置之间并不存在因果关系,认为之前文献的发现是由投资者的异质性所决定的。相对于考察身体健康影响的文献,对于精神健康,尤其是认知能力如何影响财务行为,在中国尚缺乏相关的研究。因此,本文则以精神健康之中的认知局限(Cognitive Limitation)为切入点,研究精神健康对于借款行为的影响,以完善对于个体风险决策行为的理解。

本文所用样本为乡村区域45岁以上的老年人及其配偶,他们的金融知识并不普及,以金融知识为自变量可能会低估居民对于基本贷款知识的理解。因此,该样本很难用于研究金融知识对借款行为的影响。再者,本文研究的是资金借出行为,这并不要求借出者有太复杂的金融知识。而相反,对中国农村的老年人而言,认知能力可以更有效地考察他们对财务数字的理解。

本文假设认知能力(数学运算、口语表达能力和记忆能力)缺乏时人们较不愿意借款给别人。这是因为认知能力低的人搜集和处理信息的成本比较高,同时其风险回避程度也比较高,会影响其承担风险的能力。同时认知能力低与风险的感受能力也有关系,低认知能力的人容易高估他们处理信息的精确程度,隐含着认知能力与风险承担的负相关关系。

与之前的文献有所不同的是:首先,本文对于风险承担行为的研究将专注于借款,考察影响出借资金以及所借出资金在家庭总财富中占比的因素。其次,由于中国存在城乡分割的二元体制,投资决策以及风险承担行为在城乡间具有很大差异,农村地区民间金融更为重要,本文将分城乡进行考察。最后,由于中国的家庭财富水平存在着巨大差距,这使得我们思考不同经济阶层的群体是否在风险承担上也存在差异,因此本文将农村样本再进行贫富划分以验证这样的假设。

本文第二部分介绍研究所用数据和模型,第三部分讨论实证结果,第四部分是结论和进一步研究方向。

二、数据与实证模型

(一) 数据

本文使用中国健康与养老追踪调查(China Health and Retirement Longitudinal Survey, CHARLS)2011年全国基线调查数据[1],针对45岁以上人群及其配偶,分别利用Logit模型与Tobit模型考察了认知局限与个人是否出借资金以及个人所借出资金在家庭总财富中占比的关系,并在农村样本中探讨了家庭总财富水平对两者关系的影响。结果发现,在控制了人口统计学变量、社会与经济变量以及身体健康状况之后,认知局限得分与个人是否出借资金及所借出资金的家庭财富占比呈显著负关系:认知局限增加时,个人出借资金的几率降低,在借出时其借出资金在家庭财富中的占比下降。就城乡分组而言,这种关系仅存在于农村样本,城市样本中认知局限的作用不再显著。而在农村样本中按照家庭总财富水平划分贫富后发现,认知局限得分与是否出借资金及借出时占比的显著关系仅存在于农村中相对富裕的个体;对于相对贫穷的样本则不再显著。除此之外,年龄、参与社交活动以及家庭年生活支出也是借出资金及其占比的重要影响因素。

---

[1] 参见 http://charls.ccer.edu.cn/zh-CN。

本文所使用的数据来自中国健康与养老追踪调查,该调查属于健康与退休数据(Health and Retirement Study)系列,旨在获得中国45岁及以上人群及其配偶(可能小于45岁)的代表性数据。其全国基线调查于2011年开展,采用多阶段抽样方法,覆盖了30个省级单位、150个县级单位、450个村级单位、约1万户家庭中的1.7万人。调查获取受访者家庭及个人信息,包括人口统计学变量、社会经济变量以及精神和身体健康状况等。

本文使用个体层面的样本进行分析,并将只在家庭层面定义的变量赋予该家庭中出现的所有个体。CHARLS共有17 711个原始样本,去掉因为健康和记忆的原因在财务管控方面存在困难或需要帮助的样本后剩余16 003个,剔除关键变量存在缺失的样本后,本文实际使用样本14 482个。其中,农村样本11 009个、城市样本3 473个。[1] 根据家庭总财富的中位数对农村居民再进行分组,中位数及以上的富裕样本5 503个,中位数以下的贫穷样本5 506个。

本文所涉及的主要变量如下:

1. 借出资金和家庭总财富

家庭借出资金由问卷中"现在还有没有人或单位欠您家钱没还的"和"他们一共还欠您家多少钱"确定,个人借出资金则由家庭借出资金除以家庭成员人数计算所得。家庭总财富包含房产、耐用品及其他固定资产、家庭借出资金以及除借出资金外的金融资产。

2. 认知局限

认知局限得分的构造包括以下内容:10项即时回忆,10项延迟回忆,5次减法计算,回答现在的年、月、日、星期、季节,画图,共31项。各项回答正确记为0分,回答错误、表示不知道或拒绝回答记为1分。变量取值范围为0至31,得分越高表示认知能力越差。

3. 其他控制变量

其他控制变量包含人口统计学变量、社会经济变量以及身体健康变量。

人口统计学变量包括性别、年龄、婚姻状况以及子女数目4项。不同性别对于风险的认知及容忍程度可能存在差异(Edwards,2008)。年龄是健康状况的重要影响因素,以往的研究表明年龄的增加会减少对于金融风险的承担(解

---

[1] 农村样本和城市样本以居住地划分。按照居住地而非户籍划分城乡主要出于以下两点考虑:首先,目前的城镇化比率往往依照常住地衡量,户籍则不再作为主要参照;其次,尽管城市居民包含部分农村户籍,但基本不存在农村居民是城市户籍的情况。

亚和孙桂茹，2012）。婚姻状况以及子女数目可以用来把握有关家庭结构的信息，影响家庭支持的可得性以及留下遗产的意愿（Edwards，2008）。一些文献也把婚姻状况作为分类变量进行考察（Rosen and Wu，2004），因此本文也对其进行控制。

社会经济变量包括受教育年限、当前工作状态、社交活动以及家庭年生活支出4项。教育可能通过影响对金融知识和投资机会的把握作用于风险承担行为（Rosen and Wu，2004）。而当前工作状态与人口统计学变量一起，可以考察个人的背景特征对于风险承担行为的影响（雷晓燕和周月刚，2010），工作的界定中包含了从事农业劳动。社交活动变量由过去一个月是否进行了至少一项包括"串门、跟朋友交往"等在内的6项特定社交活动而确定。Christelis et al.（2010）以及 Atella et al.（2012）研究发现，参与社交活动与风险性资产投资正向相关。由于生活支出比当前收入更能表达家庭长期收入水平的信息，且报告的误差较小，二者相关度高，本文将家庭年生活支出取代收入作为一个重要控制变量，这与雷晓燕和周月刚（2010）的做法相同。

身体健康状况包括患有两种及以上特定慢性疾病、有两种以上的日常生活活动能力限制以及医疗花销三项。与 Bogan and Fertig（2013）的控制变量类似，特定慢性疾病包括高血压等6项疾病，而特定日常生活活动包括走1公里等7项日常活动。医疗花销包含门诊花销、住院花销以及自我治疗花销等部分，医疗花销一方面可以作为对于健康状况的衡量，另一方面也可以在一定程度上控制其对于预算约束的冲击。

（二）实证模型

本文分别使用 Logit 模型和 Tobit 模型考察个人是否借出资金和借出资金在家庭财富中占比的影响因素。在考察借出资金在家庭财富中的占比时，由于存在大量借出为0的样本，同时借出资金占比的最大值没有达到1，因此本文使用左截尾的 Tobit 模型进行回归。为了解决可能存在的内生性问题，在进行回归分析之前，本文使用其他控制变量对认知局限得分进行 OLS 回归分析，并将回归残差代入 Logit 及 Tobit 回归式中进行计算，其中涉及残差项的回归中标准误差的计算使用了 Bootstrap 统计方法。另外，回归分析中所使用的连续变量均在样本或子样本内部进行标准化。基本的实证回归如下：

$$\text{OLS 模型}: C_i = \alpha_0 + \alpha_1 D_i + \alpha_2 X_i + \alpha_3 H_i + \varepsilon_i^{\text{OLS}} \tag{1}$$

因变量 C_i 衡量的是认知局限；D_i 表示个体的人口统计学背景特征，例如性别、年龄等;X_i 表示个体的社会经济状况,例如受教育年限、当前工作状态等;H_i 表示身体健康状况,例如患有慢性疾病、有日常生活活动能力限制等;$\varepsilon_i^{\text{OLS}}$ 为 OLS 回归的误差项,包含着不可观测的因素。将 $\varepsilon_i^{\text{OLS}}$ 的估计值记为 e_i^{OLS},该估计值将被进一步使用在 Logit 模型及 Tobit 模型中。

$$\text{Logit 模型}: L_i^* = \beta_0 + \beta_1 e_i^{\text{OLS}} + \beta_2 D_i + \beta_3 X_i + \beta_4 X_i + \varepsilon_i^{\text{Logit}} \qquad (2)$$

$$L_i = \begin{cases} 1 & \text{if } L_i^* > 0 \\ 0 & \text{if } L_i^* \leq 0 \end{cases}$$

L_i^* 是潜在变量;L_i 是虚拟变量,1 表示借出资金,0 表示未借出资金;D_i、X_i、H_i 所表示的含义与 OLS 回归式中相同;$\varepsilon_i^{\text{Logit}}$ 为 Logit 回归的误差项。β_1 是我们所关注的回归系数。然而 Logit 回归系数所表达的实际意义并不清晰,因此我们计算了反映各自变量对于借出资金概率边际影响的平均边际效应,即对于每个观察值求出边际效应后再进行平均。

$$\text{Tobit 模型}: P_i^* = \gamma_0 + \gamma_1 e_i^{\text{OLS}} + \gamma_2 D_i + \gamma_3 X_i + \gamma_4 H_i + \varepsilon_i^{\text{Tobit}} \qquad (3)$$

$$P_i = \begin{cases} P_i^* & \text{if } P_i^* > 0 \\ 0 & \text{if } P_i^* \leq 0 \end{cases}$$

P_i^* 是潜在变量;P_i 表示个人借出款在家庭财富中所占比例;D_i、X_i、H_i 所表示的含义与 OLS 回归式中相同;$\varepsilon_i^{\text{Tobit}}$ 为 Tobit 回归的误差项,γ_1 是我们所关注的回归系数。同样,Tobit 回归系数也不具有实质解释意义,我们计算了有条件的边际效应(Conditional Marginal Effects),表示在借出资金的情况下,自变量变化 1 单位时,借出资金占比会变化多少量。

三、实 证 结 果

(一) 描述性统计结果[1]

表 1 报告了各相关变量的均值、中位数、最小值、最大值以及标准差,其中城乡划分依据的是居住地。由表 1 可知,借出资金的居民约占样本总体的 9.2%,借出资金均值为 4 230 元,中位数为 2 000 元,借出资金在家庭总财富中

---

[1] 数据分析前针对可能存在的极端值进行了限制:对于家庭总财富以及家庭生活支出项,为大于 99% 分位数的值赋予 99% 分位数的值,为小于 1% 分位数的值赋予 1% 分位数的值;对于借出款价值以及借出款占比项,为大于 99% 分位数的值赋予 99% 分位数的值。

的占比均值为 3.9%,中位数为 1.9%。全体样本中,认知局限平均得分为 16.7 分,女性比例 51.9%,平均年龄 58.5 岁,绝大部分已婚,平均有 3.3 个子女;样本平均接受了 5.2 年的教育,将近 70% 在工作,有一半进行了社交活动,家庭年生活支出的均值约为 24 367 元,而中位数仅为 16 968 元;约有 21.9% 的样本患有至少 2 项慢性疾病,有 10.7% 的样本存在至少 2 项日常生活活动能力限制;样本的平均医疗花销为 1 521 元,但有超过一半的样本在最近一年内没有发生被 CHARLS 记录的医疗花销;样本中 24.0% 为城市居民。

表 1 描述性统计结果

	均值	中位数	最小值	最大值	标准差
是否借出资金	0.092	0	0	1	0.289
借出资金价值(元)	389	0	0	15 000	1 932
借出资金数额(非零样本)(元)	4 230	2 000	8	15 000	4 933
家庭总财富(元)	129 082	53 350	100	1 388 300	214 517
借出资金在家庭总财富中占比	0.004	0	0	0.130	0.017
借出资金在家庭总财富中占比(非零样本)	0.039	0.019	0.000	0.130	0.043
认知局限得分	16.667	16	0	31	5.864
女性	0.519	1	0	1	0.500
年龄	58.544	58	22	96	9.705
已婚	0.881	1	0	1	0.324
子女数目	3.333	3	0	12	1.640
受教育年限	5.207	6	0	19	3.993
在工作	0.697	1	0	1	0.460
有社交活动	0.496	0	0	1	0.500
家庭年生活支出(元)	24 367	16 968	884	169 061	26 621
患有 2+慢性疾病	0.219	0	0	1	0.414
有 2+日常生活活动能力限制	0.107	0	0	1	0.309
医疗花销(元)	1 521	0	0	300 000	6 886
城市居民	0.240	0	0	1	0.427

为了更加清晰地展示认知局限得分与其他各变量间的关系,表 2 报告了按认知局限得分分组的各个变量的均值统计结果。其中第一组的认知局限得分为 0—13 分,认知能力最好,第二组为 14—18 分,第三组的认知能力最差,为

19—31分。除了全样本外,表2中也分析了农村样本、城市样本、农村中的贫穷样本以及农村中的富裕样本。从表2的A部分中可以看出,在全样本中,借出资金人数所占比例以及借出资金的数额均随认知局限升高而下降,且第二、三组与第一组间的差异显著(表中所做的检定为第二组与第一组以及第三组与第一组的差异)。第一组中有11.6%的样本出借资金,而第三组中仅有7.3%。第一组家庭总财富平均约18万元,而第三组仅为其一半。全样本而言,借出资金占比在三组中随认知局限增加而降低。而将样本限制于借出资金的个体后,借出资金占比在各组间没有显著的差异。

对于其他控制变量而言,认知局限得分的第一组中有44.8%的样本为女性,而第三组中有61.8%为女性,这说明女性存在着更大的认知局限。同样,认知局限表现出随年龄增加而增大的趋势,已婚者、子女数目较少者的认知局限更小。受教育年限与认知局限得分分组间呈显著负相关关系,显示受教育年限越高,认知能力越强。工作状态在整体样本中与认知局限得分分组间没有表现出一致的关系。有社交活动者认知能力更强,第一组中59.3%参与了社交活动,而第三组中这一比例仅为40.7%。家庭年生活支出从第一组中的29 524元下降到第三组中的19 896元,且差异显著;以慢性疾病与日常生活活动能力限制衡量的身体健康指标与认知能力负相关。然而,第一、二组之间的医疗花销间并没有显著差异,第三组的医疗花销低于第一组。最后,我们发现农村样本面临着更加严重的认知局限问题。

图1与表2的B、C部分比较了农村及城市样本的统计结果。我们发现,尽管城乡居民借出资金的人数比例和借出资金占家庭总财富的比例类似,但在与认知局限的关系上存在显著差异。在农村,借出资金的人数比例以及借出资金均值均随认知局限升高而下降,而在城市样本中则没有出现这种趋势。在其他控制变量与认知局限得分的关系上,城乡居民的表现较为类似。在农村样本中,认知局限越大,属于富裕组的可能性越低,即贫穷组整体而言面临着更严重的认知局限问题。图2与表2的D、E部分报告了在农村样本中依据家庭总财富划分贫富后的统计结果,富裕组借出资金的人数占比为13.7%,明显高于贫穷组的5.4%;同样,富裕组借出资金的数额也明显高于贫穷组,但借出资金总财富占比在两组中没有明显差距。在没有控制其他变量的情况下,贫富两组中借出资金的人数比例和所借出资金在家庭总财富中的占比均表现出随认知局限升高而降低的趋势。

表 2 按认知局限得分分组的样本均值统计结果

	A 部分:全部样本			B 部分:农村样本			C 部分:城市样本			D 部分:农村中的贫穷样本			E 部分:农村中的富裕样本			
	整体	0–13	14–18	19–31	整体	0–13	14–18	19–31	整体	0–13	14–18	19–31	整体	0–13	14–18	19–31
是否借出资金	0.092	0.116	0.089***	0.073***	0.096	0.136	0.092***	0.072***	0.081	0.084	0.077	0.077	0.054	0.082	0.049***	0.045***	0.137	0.172	0.133***	0.108***
借出资金数额 (元)	389	563	363***	253***	353	579	331***	224***	503	538	477	449	94	141	86***	78***	613	867	567***	421***
数额(非零样本)(元)	4230	4838	4094**	3480***	3694	4250	3599*	3105***	6244	6381	6235	5855	1728	1716	1744	1727	4474	5039	4259*	3886***
家庭总财富	129082	179359	121111***	89901***	96702	131052	96561***	74513***	231723	257659	209484***	193510***	14137	16240	14971***	12657***	179311	206183	175070***	158360***
借出资金占家庭总财富中占比	0.004	0.004	0.003**	0.003***	0.004	0.005	0.004***	0.003***	0.003	0.004	0.003	0.003	0.004	0.006	0.003***	0.003***	0.004	0.004	0.004	0.003
占比(非零样本)	0.039	0.037	0.039	0.042	0.038	0.035	0.038	0.042**	0.042	0.042	0.043	0.042	0.067	0.069	0.064	0.069	0.027	0.025	0.029	0.026
认知局限得分	16.667	10.410	15.863***	23.068***	17.521	10.666	15.938***	23.178***	13.961	9.995	15.593***	22.327***	18.468	10.782	15.984***	23.512***	16.574	10.590	15.895***	22.725***
女性	0.519	0.448	0.481***	0.618***	0.511	0.400	0.469***	0.614***	0.547	0.525	0.524	0.640***	0.510	0.391	0.447***	0.604***	0.512	0.406	0.490***	0.628***
年龄	58.544	55.694	58.255***	61.393***	58.477	54.936	57.883***	61.228***	58.756	56.925	59.592***	62.503***	60.738	56.556	59.653***	63.309***	56.215	53.875	56.180***	58.408***
已婚	0.881	0.929	0.899***	0.821***	0.883	0.944	0.905***	0.825***	0.875	0.905	0.877	0.791***	0.846	0.925	0.881***	0.788***	0.919	0.956	0.929***	0.877***
子女数目	3.333	3.077	3.373***	3.532***	3.513	3.404	3.508***	3.588***	2.761	2.549	2.890***	3.150***	3.492	3.407	3.507	3.520*	3.534	3.401	3.508***	3.681***
受教育年限	5.207	7.640	5.352***	2.861***	4.449	6.745	4.891***	2.621***	7.611	9.090	7.012***	4.478***	3.816	6.303	4.508***	2.257***	5.082	7.034	5.260***	3.114***
在工作	0.697	0.694	0.729***	0.673***	0.790	0.852	0.824***	0.724***	0.402	0.438	0.387***	0.327***	0.772	0.840	0.818	0.711***	0.809	0.860	0.830***	0.741***
有社交活动	0.496	0.593	0.497***	0.407***	0.475	0.569	0.488***	0.403***	0.563	0.631	0.527***	0.432***	0.454	0.557	0.480***	0.391***	0.495	0.576	0.495***	0.421***
家庭年生活支出(元)	24367	29524	24083***	19896***	21348	24727	22097***	18583***	33936	37298	31228***	28734***	16907	21072	17295***	14797***	25791	27119	26718	23716***

（续表）

	A部分:全部样本				B部分:农村样本				C部分:城市样本				D部分:农村中的贫穷样本				E部分:农村中的富裕样本			
	整体	0—13	14—18	19—31	整体	0—13	14—18	19—31	整体	0—13	14—18	19—31	整体	0—13	14—18	19—31	整体	0—13	14—18	19—31
患有2+慢性疾病	0.219	0.195	0.224***	0.238***	0.210	0.173	0.216***	0.231***	0.247	0.230	0.253	0.286***	0.236	0.212	0.242*	0.242**	0.185	0.147	0.191***	0.215***
有2+日常生活活动能力限制	0.107	0.053	0.096***	0.166***	0.118	0.059	0.101***	0.170***	0.072	0.043	0.080***	0.139***	0.146	0.082	0.112***	0.198***	0.090	0.044	0.091***	0.132***
医疗花销(元)	1521	1628	1639	1324**	1334	1244	1495	1269	2117	2251	2159	1694*	1395	1601	1450	1268	1272	1010	1538***	1270
城市居民	0.240	0.382	0.217***	0.129***																
富有(农村居民)					0.5	0.604	0.510***	0.425***												
样本数目	14482	4791	4448	5243	11009	2963	3481	4565	3473	1828	967	678	5506	1172	1707	2627	5503	1791	1774	1938

注:如和局限样本分第二三组分期与第一组进行均值t-检验。***、**和*表示在1%、5%和10%的水平下显著。

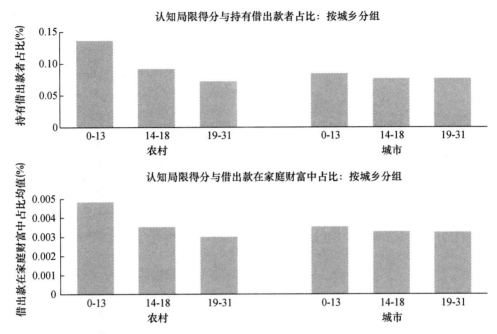

图 1 认知局限得分与是否借出资金及其在家庭总财富中占比:按城乡分组

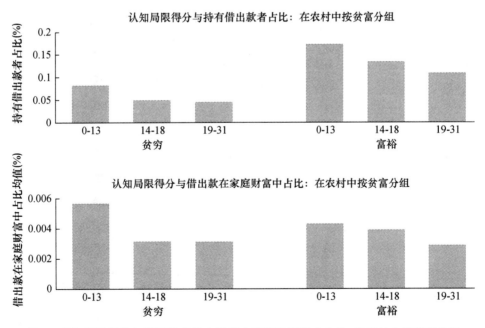

图 2 认知局限得分与是否借出资金及其在家庭总财富中占比:在农村中按贫富分组

（二）借款行为的影响因素

我们利用 Logit 模型与 Tobit 模型分析认知局限得分与是否借出资金以及借出资金在家庭总财富中占比的关系，回归结果如表 3 所示。表 3 的 A 部分报告了没有加入其他控制变量时的回归结果，其中因变量分别为借出资金或借出资金占比，自变量为认知局限得分。B 部分报告了加入其他控制变量后的回归结果，其中第一列是用其他控制变量对认知局限得分进行 OLS 回归预测的结果，第二、三列中使用剔除了与人口统计学、社会经济变量以及身体健康状况相关部分之后的认知局限得分项的残差作为自变量。Logit 回归下的系数为平均边际效应，Tobit 回归下的系数为有条件的边际效应。

表 3 认知局限对借款行为的影响

	OLS：认知局限得分	Logit：借出资金	Tobit：借出资金占比
A 部分			
认知局限得分		-0.0196***	-0.0915***
		(-7.7288)	(-7.2449)
B 部分			
认知局限得分残差项		-0.0061**	-0.0294**
		(-2.1058)	(-2.1378)
女性	0.0707***	-0.0091*	-0.0371
	(4.7235)	(-1.8911)	(-1.4696)
年龄	0.1346***	-0.0292***	-0.1276***
	(15.5974)	(-7.5608)	(-6.8869)
已婚	-0.1373***	0.0036	-0.0253
	(-5.9477)	(0.3535)	(-0.4941)
子女数目	0.0107	0.0030	-0.0093
	(1.4604)	(1.2615)	(-0.7409)
受教育年限	-0.4466***	0.0048*	0.0236
	(-56.7309)	(1.6635)	(1.5815)
在工作	0.0489***	0.0106*	0.0648**
	(2.7977)	(1.8413)	(2.0589)
有社交活动	-0.2083***	0.0154***	0.0610**
	(-15.0500)	(3.2440)	(2.5569)
家庭年生活支出	-0.0447***	0.0194***	0.0991***
	(-6.0935)	(12.1144)	(10.5514)

(续表)

	OLS：认知局限得分	Logit：借出资金	Tobit：借出资金占比
患有2+慢性疾病	-0.0223	0.0035	0.0335
	(-1.3291)	(0.6147)	(1.1487)
有2+日常生活活动能力限制	0.2496***	-0.0082	-0.0256
	(10.6548)	(-0.8278)	(-0.5408)
医疗花销	-0.0033	0.0014	0.0076
	(-0.5227)	(0.7594)	(0.8436)
样本数目	14 482	14 482	14 482

注：Logit 回归下的系数为平均边际效应，Tobit 回归下的系数为有条件的边际效应；括号中显示的是稳健的 z-统计量（Logistic 回归）或 t-统计量（OLS 与 Tobit 回归）；含认知局限得分残差项的回归中，标准差的计算使用了 Bootstrap 统计方法。***、** 和 * 表示在 1%、5% 和 10% 的水平下显著。

表 3 第一列中的回归结果进一步印证了表 2 中的分组统计，性别、年龄、婚姻状况、受教育年限、工作状态、有社交活动以及生活支出均与认知局限显著相关。其中，女性、有工作者、年龄、已婚、受教育水平以及参与社会活动与认知局限得分呈显著正向关系，家庭年生活支出、日常生活活动能力限制与认知局限得分呈负向关系。

在单变量回归中，认知局限得分与借出款持有及其占比关系显著。认知局限得分提高 1 个标准差，持有借出款的可能性降低 1.96%；而在持有借出款的条件下，这意味着个人借出款占比下降了 9.15% 个标准差。当我们加入控制变量且剔除了与人口统计学、社会经济变量以及身体健康状况的相关部分之后，尽管边际效应的绝对数值有所下降，但认知局限得分项对于因变量的影响仍然显著，这说明认知局限的增加使得个体减少了风险承担，这样的结果与之前实证研究中以风险资产配置占比作为因变量的结果一致（Christelis et al.，2010）。在控制变量中，年龄减小、有工作、参与社交活动以及家庭生活支出增加意味着更有可能借出资金以及借出资金占比的增加，即个人的风险承担行为的增加，这与之前文献的结果一致。然而，性别在由借款所衡量的风险承担行为上没有表现出显著差异，这可能是由借款的家庭变量性质所导致。婚姻状态、子女数目所代表的家庭支持并没有对老年人的风险承担行为产生显著影响。尽管受教育年限可能通过影响金融知识等因素作用于借款行为，但在全体样本的回归结果中并没有表现出较强的显著性；同时，身体健康状况的各变量系数均不显著，并且没有发现医疗资源使用对于风险承担行为产生影响。

(三) 城乡分组结果

中国城乡在民间借贷行为上可能存在差异。为了更好地研究认知局限对于借款及其占比的影响,我们将样本划分为农村与城市进行探讨。分组回归的结果列于表4。

表4 认知局限对借款行为的影响:按城乡分组

	OLS:认知局限得分		Logit:借款		Tobit:借款占比	
	(1)农村	(2)城市	(1)农村	(2)城市	(1)农村	(2)城市
A 部分						
认知局限得分			−0.0261***	−0.0083*	−0.1125***	−0.0531*
			(−8.5922)	(−1.7321)	(−7.9801)	(−1.8583)
B 部分						
认知局限得分残差项			−0.0099***	0.0007	−0.0413***	−0.0093
			(−3.0977)	(0.1253)	(−2.7672)	(−0.2666)
女性	0.1175***	−0.0046	−0.0012	−0.0167*	−0.0013	−0.0798
	(6.5402)	(−0.1445)	(−0.2278)	(−1.8450)	(−0.0477)	(−1.5561)
年龄	0.1353***	0.1571***	−0.0291***	−0.0230***	−0.1185***	−0.1245***
	(13.4561)	(7.9764)	(−7.7858)	(−4.2717)	(−7.1713)	(−3.7339)
已婚	−0.1489***	−0.1220**	0.0061	−0.0042	−0.0121	−0.0687
	(−5.5398)	(−2.4581)	(0.6222)	(−0.2032)	(−0.2394)	(−0.5418)
子女数目	−0.0123	0.0338**	−0.0019	0.0074	−0.0375**	0.0388
	(−1.4636)	(2.0275)	(−0.6222)	(1.3450)	(−2.5949)	(1.1926)
受教育年限	−0.4006***	−0.4012***	0.0129***	0.0011	0.0585***	0.0118
	(−43.0426)	(−23.5610)	(4.1655)	(0.2034)	(3.9145)	(0.3514)
在工作	−0.0776***	0.0486	0.0003	0.0039	0.0205	0.0177
	(−3.3735)	(1.3221)	(0.0418)	(0.3352)	(0.5430)	(0.2428)
有社交活动	−0.2324***	−0.1589***	0.0144**	0.0245**	0.0634**	0.0943*
	(−14.4258)	(−5.2393)	(2.3288)	(2.4114)	(2.0132)	(1.7185)
家庭年生活支出	−0.0415***	−0.0218	0.0213***	0.0180***	0.1051***	0.1051***
	(−5.0211)	(−1.3360)	(9.3076)	(6.4428)	(9.3897)	(5.4514)
患有2+慢性疾病	−0.0081	−0.0404	0.0004	0.0097	0.0288	0.0375
	(−0.4089)	(−1.1525)	(0.0560)	(0.8187)	(0.8066)	(0.5648)
有2+生活能力限制	0.2000***	0.3338***	−0.0161	0.0136	−0.0648	0.1160
	(7.6121)	(5.4388)	(−1.3929)	(0.6239)	(−1.1756)	(0.9495)
医疗花销	0.0048	−0.0259*	0.0017	−0.0009	0.0104	−0.0093
	(0.6160)	(−1.9350)	(0.6313)	(−0.1349)	(0.8392)	(−0.2346)
样本数目	11 009	3 473	11 009	3 473	11 009	3 473

注:Logit 回归下的系数为平均边际效应,Tobit 回归下的系数为有条件的边际效应;括号中显示的是稳健的 z-统计量(Logistic 回归)或 t-统计量(OLS 与 Tobit 回归);含认知局限得分残差项的回归中,标准差的计算使用了 Bootstrap 统计方法。***、**和*表示在1%、5%和10%的水平下显著。

认知局限得分回归显示,性别(女)、家庭年生活支出在农村样本中显著为正,与全样本相同,城市居民的认知局限得分则没有显著的性别差异。与全样本中的回归结果不同,农村样本中有工作的受访者的认知能力更强,城市则不显著;城市样本中子女数目显著为正,说明城市子女对于老年人的认知功能并没有起到支持作用;另外,城市样本中医疗花销显著为负,表明城市医疗资源的利用可以对认知功能起到一定的改善作用。

在单变量回归中,认知局限得分与借款及其占比的关系在农村样本中更加显著。加入其他控制变量后,认知局限的残差项与借款行为的关系在全样本中显著,在城市样本中不显著。而在农村样本中,显著性更强,认知局限的边际效应也在绝对数值上大于全样本的回归,认知局限得分残差项增加1单位对应着借款可能性下降0.99%(占比下降4.13%个标准差)。此结果表明,认知局限对借款行为的影响只存在于农村中。

大部分控制变量的系数在城乡样本中的表现与在全样本中一致。一个例外是在农村样本中,子女数目的增加与借款占比显著负相关。在农村样本中,受教育年限显著为正。尽管受教育年限是重要的影响因子,但认知局限得分仍然可以解释借款,说明认知能力与教育水平均可以对风险承担行为产生影响。

雷晓燕和周月刚(2010)按照城乡划分样本后发现健康状况只影响城市居民的资产决策,与我们的发现刚好相反。可能的原因是:首先,两者使用了不同的样本,雷晓燕和周月刚(2010)使用的是中国健康与养老追踪调查2008年的浙江、甘肃两省预调查数据,而我们使用的是其2011年的全国基线调查数据,在一定程度上更具全国代表性;其次,两者使用了不同的健康度量指标,雷晓燕和周月刚(2010)的研究主要考察自评健康对于风险承担行为的影响,而我们着重考察精神健康之中的认知局限;最后,两者使用了不同的风险资产衡量指标,他们将借款纳入风险资产中进行统一考察,而我们则专注于居民借贷行为。

传统上认为农村中的民间借贷相比于城市更加普遍,但图1或表2中的分组均值统计结果表明,城乡在借出资金人数占比以及所借出资金在家庭财富中占比上并没有明显差异。然而表4的回归结果显示,城乡在借款行为上的确存在差异,认知局限对于城市居民借款行为的影响更弱。一个可能的解释在于城市居民有更多的投资机会和投资选择,农村居民面临的风险资产选择相对有限。

为了验证这一猜测,我们进一步对城乡居民所持有的风险资产结构加以分析,如表5所示。

表 5　各类金融资产占比统计：按城乡分组

	非风险性金融资产			风险性金融资产			样本数目
	现金	存款	政府债券	股票	基金	借款	
A 部分：匹配样本							
农村	0.6428	0.2805	0.0019	0.0011	0.0008	0.0730	2 559
城市	0.6404	0.2462***	0.0058**	0.0227***	0.0179***	0.0671	2 559
B 部分：借款非零样本							
农村	0.1886	0.1726	0.0017	0	0.0009	0.6362	1 053
城市	0.1317***	0.2075	0.0042	0.0273***	0.0163***	0.6129	280

注：城乡间进行均值 t-检验。***、**和*表示在 1%、5% 和 10% 的水平下显著。

我们将金融资产划分为非风险性资产与风险性资产两部分，其中非风险性资产包括现金、存款以及政府债券，风险性资产包括股票、基金以及借款。由于城乡在金融资产的持有水平上存在差异，因此在进行金融资产构成比较前，我们依据主受访者持有的金融资产水平，利用倾向评分匹配（Propensity Score Matching）的方法为城市样本一对一地匹配农村样本，在剔除没有金融资产以及没有匹配对象的样本后，剩余城乡样本各 2 559 个，各类资产占比的均值统计结果如表 5 的 A 部分所示。如表 5 所示，城市居民持有更低比例的存款及更高比例的政府债券；在风险性金融资产中，城市居民将金融资产配置于股票及基金的份额显著高于农村居民，股票、基金所占比例在城市中为 4.06%（股票占比为 2.27%，基金占比为 1.79%），而这一比例在农村中仅为 0.19%（股票占比为 0.11%，基金占比为 0.08%）。如果我们将样本限制在持有借款的样本，如表 5 的 B 部分所示，农村样本持有更高比例的存款、更低比例的股票及基金。事实上，在持有借款的农村样本中，持有股票的统计占比为 0。表 5 的统计结果说明，城市居民的确比农村居民有更多的风险配置选择，城乡差距的结果也多为显著。

（四）农村居民的贫富分组结果

由上述结果可知，认知能力影响农村居民的借款行为。进一步，我们将农村样本按照家庭财富水平划分为贫穷和富裕两组来考察财富在其中发挥的作用。按照贫富分组的回归结果列于表 6。

表6 认知局限对借款行为的影响:农村居民的贫富分组

	OLS:认知局限得分		Logit:借款		Tobit:借款占比	
	（1）贫穷	（2）富裕	（1）贫穷	（2）富裕	（1）贫穷	（2）富裕
A 部分						
认知局限得分			-0.0128***	-0.0259***	-0.1230***	-0.0771***
			(-3.7929)	(-5.2956)	(-3.8241)	(-5.0121)
B 部分						
认知局限得分残差项			-0.0044	-0.0120**	-0.0419	-0.0325**
			(-1.1245)	(-2.4251)	(-1.1123)	(-2.1466)
女性	0.1263***	0.1160***	0.0018	-0.0063	0.0273	-0.0225
	(4.9814)	(4.4315)	(0.2345)	(-0.5755)	(0.3417)	(-0.6746)
年龄	0.1404***	0.1093***	-0.0163***	-0.0283***	-0.1434***	-0.0802***
	(9.7765)	(7.7567)	(-4.1574)	(-3.6789)	(-3.7124)	(-3.3552)
已婚	-0.1510***	-0.1174**	-0.0083	0.0175	-0.0997	0.0198
	(-4.4787)	(-2.5577)	(-0.8827)	(0.7414)	(-1.0959)	(0.2545)
子女数目	-0.0288**	0.0095	-0.0060*	0.0002	-0.0779**	-0.0327**
	(-2.3893)	(0.7901)	(-1.8129)	(0.0493)	(-2.4069)	(-2.0311)
受教育年限	-0.3974***	-0.3936***	0.0054	0.0141***	0.0548	0.0467***
	(-30.1917)	(-29.8005)	(1.4341)	(2.6645)	(1.4827)	(2.8916)
在工作	-0.0684**	-0.1015***	0.0155*	-0.0092	0.1530*	-0.0125
	(-2.1512)	(-2.9655)	(1.9089)	(-0.6535)	(1.9392)	(-0.2923)
有社交活动	-0.2384***	-0.2272***	0.0153**	0.0106	0.1493**	0.0232
	(-10.4018)	(-9.7764)	(1.9603)	(1.1135)	(1.9707)	(0.7494)
家庭年生活支出	-0.0354***	-0.0354***	0.0085***	0.0291***	0.1000***	0.0929***
	(-2.8147)	(-3.1308)	(4.4035)	(7.3820)	(4.4317)	(7.2315)
患有2+慢性疾病	-0.0516*	0.0437	0.0031	0.0025	0.0518	0.0334
	(-1.9234)	(1.4516)	(0.4918)	(0.1911)	(0.8181)	(0.7595)
有2+生活能力限制	0.1894***	0.2126***	-0.0010	-0.0249	-0.0241	-0.0551
	(5.5518)	(5.0241)	(-0.0997)	(-1.4449)	(-0.2597)	(-1.0508)
医疗花销	0.0023	0.0073	-0.0004	0.0056	-0.0059	0.0224*
	(0.2111)	(0.6620)	(-0.1131)	(1.4215)	(-0.1721)	(1.9156)
样本数目	5 506	5 503	5 506	5 503	5 506	5 503

注：Logit 回归下的系数为平均边际效应，Tobit 回归下的系数为有条件的边际效应；括号中显示的是稳健的 z-统计量（Logistic 回归）或 t-统计量（OLS 与 Tobit 回归）；含认知局限得分残差项的回归中，标准差的计算使用了 Bootstrap 统计方法。***、**和*表示在1%、5%和10%的水平下显著。

认知局限得分的回归显示，贫富两组在绝大部分控制变量的系数上没有显著差异。然而,子女数目在贫穷样本中显著为负,与城市样本结果相反。这说明在农村的贫穷居民中,子女可以对改善中老年人的认知功能起到支持作用。

单变量回归中两组认知局限得分均在1%的水平上显著。加入其他控制变量后,认知局限得分残差项与借款行为的显著关系仅存在于富裕样本中,认知局限得分残差项每增加1单位,借款可能性下降1.20%(借款占比下降0.0325个标准差),贫穷样本并不显著。从图2或表2的分组均值统计可以看出,尽管贫富两组在借款占财富比例方面没有明显差距,但富裕组中借出资金人数的比例明显高于贫穷组。大部分其他控制变量在两组间的表现与农村全样本中的表现一致,而受教育年限仅在富裕样本中显著,且在绝对数值上大于认知局限得分残差项。受教育年限增加1标准差对应着借款可能性上升1.41%(借款占比增加0.0467个标准差)。但其在贫穷样本中没有显著影响。这表明教育与认知在影响风险承担行为时可能存在相似的作用机制。

四、结论与进一步研究方向

本文基于中国民间借贷,探讨了认知局限对居民借款行为的影响。结果发现,认知局限得分与是否借出资金及所借出资金占家庭总财富比例显著负相关。即认知能力下降时,借出资金的可能性降低,同时借出资金在家庭财富中占比下降。这与Bogan and Fertig(2013)的基本结论一致,即认知能力下降会减少个体的风险承担行为,显示精神健康对风险承担行为有显著影响。

将样本进行城乡划分后发现,认知局限与借款行为的显著关系仅存在于农村样本之中。我们推测农村的福利保障制度建设落后于城市,因而难以缓冲认知能力下降对于借款等风险承担行为的冲击作用(华黎,2010)。另一方面,在相对贫穷的农村地区,获得信贷支持是提高收入、平滑消费的重要手段,而正规金融抑制使得农村对于民间借贷有着更强的依赖性(金烨、李宏彬,2009)。进一步在农村样本中划分贫富后发现,显著结果只存在于农村中相对富裕的样本,其所面临的社会环境以及家庭状况较符合民间借贷的特征,而农村中的穷人不具备借出资金的能力。在其他控制变量上,年龄与借款行为负相关,受教育年限、参与社交活动、较高的家庭生活支出与借款行为正相关。

本文进一步证实的认知局限与风险承担之间的关系在一定程度上丰富了精神健康领域的文献。同时,对于存在认知局限的个体如何进行风险决策的研究有助于我们更好地理解金融决策行为。未来的研究方向在于考察不同的精神健康变量如何影响不同类型的风险承担行为,并对其作用渠道进行深入分析。

参考文献

[1] 华黎,2010,农村养老保险的财政学分析:基于城乡社会保障统筹视角,《财政研究》,第 3 期,第 16—18 页。

[2] 金烨、李宏彬,2009,非正规金融与农户借贷行为,《金融研究》,第 4 期,第 63—79 页。

[3] 雷晓燕、周月刚,2010,中国家庭的资产组合选择:健康状况与风险偏好,《金融研究》,第 1 期,第 31—45 页。

[4] 李建军,2010,中国未观测信贷规模的变化:1978—2008 年,《金融研究》,第 4 期,第 40—49 页。

[5] 李锐、李宁军,2004,农户借贷行为及其福利效果分析,《经济研究》,第 12 期,第 96—104 页。

[6] 马光荣、杨恩艳,2011,社会网络、非正规金融与创业,《经济研究》,第 3 期,第 83—93 页。

[7] 解垩、孙桂茹,2012,健康冲击对中国老年家庭资产组合选择的影响,《人口与发展》,第 4 期,第 47—55 页。

[8] 杨汝岱、陈斌开、朱诗娥,2011,基于社会网络视角的农户民间借贷需求行为研究,《经济研究》,第 11 期,第 116—129 页。

[9] Agarwal, S., J. Driscoll, X. Gabaix and D. Laibson, 2009, The age of reason: Financial decisions over the lifecycle with implications for regulation, Brookings Papers on Economic Activity, Autumn, 51—101.

[10] Atella, V., M. Brunetti and N. Maestas, 2012, Household portfolio choices, health status and health care systems: A cross-country analysis based on SHARE, *Journal of Banking and Finance*, 36(5): 1320—1335.

[11] Banks, J., C. O'Dea and Z. Oldfield, 2010, Cognitive function, numeracy and retirement saving trajectories, *Economic Journal*, 120(548):F381—410.

[12] Berkowitz, M. and J. Qiu, 2006, A further look at household portfolio choice and health status, *Journal of Banking and Finance*, 30(4):1201—1217.

[13] Bernheim, D., 1995, Do households appreciate their financial vulnerabilities? An analysis of actions, perceptions, and public policy, In Wallar, C., M. Bloomfield and M. Thorning, eds., *Tax Policy and Economic Growth*, Washington, D.C.: American Council for Capital Formation, 1—30.

[14] Blume, L. and E. David, 2006, If you're so smart, why aren't you rich? Belief selection in complete and incomplete markets, *Econometrica*, 74(4):929—966.

[15] Bogan, V. and A. Fertig, 2013, Portfolio choice and mental health, *Review of Finance*, 17(3): 955—992.

[16] Calvet, L., J. Campbell and P. Sodini, 2007, Down or out: Assessing the welfare costs of household investment mistakes, *Journal of Political Economy*, 115(5):707—747.

[17] Campbell, J., 2006, Household finance, *Journal of Finance*, 61(4):1553—1604.

[18] Chalmers, J. and J. Reuter, 2012, How do retirees value life annuities? Evidence from public employees, *Review of Financial Studies*, 25(8):490—533.

[19] Christelis, D., T. Jappelli and M. Padula, 2010, Cognitive abilities and portfolio choice, *European Economic Review*, 54(1):18—38.

[20] Cocco, J., F. Gomes and P. Maenhout, 2005, Consumption and portfolio choice over the life-cycle, *Review of Financial Studies*, 18(2):490—533.

[21] Edwards, R., 2008, Health risk and portfolio choice, *Journal of Business and Economic Statistics*, 26(4):472—485.

[22] Fan, E. and R. Zhao, 2009, Health status and portfolio choice: Causality or heterogeneity? *Journal of Banking and Finance*, 33(6):1079—1088.

[23] Gustman, A., T. Steinmeier and N. Tabatabai, 2010, Financial knowledge and financial literacy at the household level, NBER Working Paper No. 16500.

[24] Haliassos, M. and C. Bertaut, 1995, Why do so few hold stocks? *Economic Journal*, 105(432):1110—1129.

[25] Hibbert, A., E. Lawrence and A. Prakash, 2010, The demographics of non-participation in stock markets, Proceedings of the 2010 Annual Meeting of the Academy of Behavioral Finance and Economics, September 15—17, Chicago, Illinois.

[26] Lee, J. and Y. Sawada, 2010, Precautionary saving under liquidity constraints: Evidence from rural Pakistan, *Journal of Development Economics*, 91(1):77—86.

[27] Lusardi, A., 2008, Financial literacy: An essential tool for informed consumer choice? NBER Working Paper No. 14084.

[28] Lusardi, A. and O. Mitchell, 2011a, Financial literacy around the world: An overview, *Journal of Pension Economics and Finance*, 10(4):497—508.

[29] Lusardi, A. and O. Mitchell, 2011b, The outlook for financial literacy, NBER Working Paper No. 17077.

[30] Lusardi, A., O. Mitchell and V. Curto, 2012, Financial sophistication in the older population, NBER Working Paper No. 17863.

[31] Richards, M., B. Shipley, R. Fuhrer and M. Wadsworth, 2004, Cognitive ability in childhood and cognitive decline in mid-life: Longitudinal birth cohort study, *British Medical Journal*, 328 (7439), 552—554.

[32] Rosen, H. and S. Wu, 2004, Portfolio choice and health status, *Journal of Financial Economics*, 72(3):457—484.

[33] Rosenzweig, M. and H. Binswanger, 1993, Wealth, weather risk, and the composition and profitability of agricultural investments, *Economic Journal*, 103(416):56—78.

[34] Smith, J., J. McArdle and R. Willis, 2010, Financial decision making and cognition in a family context, *Economic Journal*, 120(548):F363—F380.

[35] Utkus, S. and J. Young, 2011, *Financial literacy and 401(k) Loans*, *Financial Literacy: Implications for Retirement Security and the Financial Marketplace*, Oxford University Press, 59—75.

[36] Van Rooij, M., A. Lusardi and R. Alessie, 2011, Financial literacy and stock market participation, *Journal of Financial Economics*, 101(2):449—472.

[37] Van Rooij, M., A. Lusardi and R. Alessie, 2012, Financial literacy, retirement planning and household wealth, *Economic Journal*, 122(560):449—478.

[38] Vissing-Jorgensen, A., 2004, Perspectives on behavioral finance: Does "irrationality" disappear with wealth? Evidence from expectations and actions, *NBER Macroeconomics Annual 2003*, Cambridge: MIT Press, 139—208.

Cognitive Limitation and Individual Lending Behavior

Ming Gao   Wanchuan Lin   Dandan Yu

(*Guanghua School of Management, Peking University*)

Abstract   This paper studies cognitive limitation and lending behavior from the perspective of informal finance, using a novel data set of China Health and Retirement Longitudinal Survey. Our empirical findings indicate that cognitive limitation scores are negatively related with personal lending in rural area, implying that cognitive ability affects individual risk-taking behavior. By dividing rural samples into rich and poor, we find that the significant negative relationship only hold for rich group. Our findings suggest that rich people who are less subject to cognitive limitation are more capable of lending money to their relatives/friends, other people or informal institutions in rural areas where formal financing is inadequate and informal financing is active. Besides wealth, Individual's age, education background, social activities, and household living expenditure are important factors for lending behaviors. Our study sheds light on research on mental health and financial risk-taking behavior.

Key Words   Cognitive Limitation, Lending Behavior, Household Wealth

JEL Classification   G11, I10, J14

首次公开发行、承销商声誉与长期业绩
——来自亚洲新兴市场的证据

马　键　李捷瑜　王美今[*]

摘　要　本文对亚洲新兴市场中承销商声誉与新股长期业绩的关系进行研究。实证结果发现,亚洲市场普遍存在新股长期业绩下滑,与匹配组、市场基准或行业基准相较,新股的3年累计异常回报与购买持有异常回报均显著为负。承销商声誉与新股长期业绩存在显著正向关系,由声誉良好的"明星承销商"承销的企业,其长期业绩显著优于非明星组。承销商声誉对市场择时有一定抑制作用,非明星组的异常回报与发行时机存在一定关联,对明星组而言则较不显著。基于融资规模差异的蓝筹股效应并不能解释声誉与长期业绩的相关性。

关键词　承销商声誉,首次公开发行,业绩下滑,亚洲新兴市场

一、引　言

良好的声誉是证券承销商(Underwriter)重要的无形资产。一方面,在首次公开发行(Initial Public Offering,IPO)市场中,声誉具有引导、规范承销商中介行为的功能。声誉良好的承销商通常会以严格标准审查拟 IPO 企业,向市场投资者有效地传递发行企业的真实信息,降低信息不对称程度(Carter and Manaster,1990),并减少 IPO 企业的盈余管理(Lee and Masulis,2011;Chen et al.,

---

[*] 马键,广州大学经济与统计学院讲师、博士;李捷瑜,中山大学岭南学院副教授、博士;王美今,中山大学岭南学院教授、博士生导师。通信作者及地址:马键,广州市大学城外环西路230号广州大学行政东楼前座321室,邮编:510006;E-mail:majiansysu@hotmail.com。感谢匿名审稿人的宝贵建议,当然,文责自负。本文受中山大学高校基本科研业务费专项资金(批准号:12wkpy58;项目号:1209032)资助,特此感谢。

2013)。另一方面,声誉会激励承销商向 IPO 企业提供稳定股价的价格支持(Price Support)(Lewellen,2006),从而有效地抑制价格过度波动和市场投机活动(Carter et al. ,1998)。国内外文献普遍发现,上述影响机制使得新股发行价格接近企业实际价值,承销商声誉与 IPO 抑价(Underpricing)存在负向关系(Carter and Manaster,1990;徐浩萍和罗炜,2007)。那么,除了提高 IPO 定价效率,声誉机制是否还会对企业产生一些更长期的影响呢?这是目前国内外文献较少关注的一个问题。对此,本文尝试从长期业绩的角度来探讨承销商声誉机制在资本市场中的重要性。

要研究声誉的长期影响问题,首先要能很好地度量长期业绩。然而,由于业绩评价方法与长期期限定义的差异,对于长期业绩的度量一直具有较大争议。早期的文献集中于成熟市场的研究,如 Ritter(1991)与 Loughran and Ritter(1995)等发现美国新股长期业绩显著低于非新股,不符合有效市场假说的预测,称为"新股发行之谜"(New Issue Puzzle)。此后,英国(Levis,1995)、日本(Cai and Wei,1997)、德国(Stehle et al. ,2000)与加拿大(Kooli and Suret,2004)等其他发达国家也发现了相似的现象。而对于中国内地和"亚洲四小龙"等新兴市场,由于单一国家的样本量不大,结论更为模糊。一些研究(杜俊涛等,2003;Fan et al. ,2007;邹高峰等,2012)认为中国内地市场与发达国家相似,呈长期弱势;另一些研究(王美今和张松,2000;廖理和张伟强,2004)则持强势观点。

对此,本文以整个亚洲新兴市场为研究对象,克服单一国家样本量较少的问题;采用规模匹配法、行业—规模匹配法等多种测算方法,以准确测算异常收益;以三年作为长期业绩期限,避免受到短期定价效应的干扰。在此基础上本文再研究承销商声誉对长期业绩的影响。本文发现,亚洲市场呈现出以下特点:第一,虽然存在制度差异,但新兴市场普遍存在长期弱势,业绩测度方法对相对业绩有一定影响。第二,承销商的声誉对长期业绩有较强的解释能力,明星承销商的相对业绩显著优于普通承销商。第三,对于非明星承销商,不同发行时间的弱势程度存在较大波动;对于明星承销商,这种波动则比较小,表明承销商声誉对市场择时有一定抑制作用。第四,控制融资规模因素后,明星承销商无明显弱势或强势,而非明星组则呈弱势,说明蓝筹股效应并不能解释声誉与长期业绩的正向关系。

本文的边际贡献有以下几点。首先,目前关于声誉的研究偏重短期效应,关于长期效应的研究十分匮乏。部分研究(Carter et al. ,1998;郭泓和赵震宇,2006)发现某些市场中声誉机制存在一定长期影响,但这种现象是否普遍存在仍是一个有待解决的问题。本文对亚洲新兴市场中声誉机制的长期效应进行比较系统的整体分析,发现这种现象具有一定普遍性。其次,已有声誉研究采用市场收益基准,忽略企业异质风险。这可能导致对长期异常收益的误测,影响研究结论的稳健性。[1] 本文采用规模匹配、行业—规模匹配法等测算方法,不同方法互相印证,有效地解决了基准偏差问题。

下文的结构安排如下。第二部分介绍数据来源与处理方法。第三部分介绍研究方法。第四部分对IPO后的长期业绩进行初步分析。第五部分分析承销商声誉与长期业绩的关系。第六部分总结全文。

二、数据来源与处理

本文样本数据包括上市企业发行数据与上市后收益数据,其中发行数据来源于Thomson One数据库,包括1999—2011年间多个亚洲新兴市场的IPO、再融资与可转债等发行信息。收益数据来源于Factset数据库,包括截至2012年6月的股价、分红等信息。本文从中选取IPO活动较为频繁的10个市场,分别是印度、印度尼西亚、马来西亚、菲律宾、新加坡、韩国、泰国、中国内地、中国香港地区和中国台湾地区。因市场规模较小、历史较短等原因,排除越南、巴基斯坦和孟加拉等其他市场。为了计算发行后3年长期业绩,保留2009年7月至2012年6月的时间窗口;为了甄选合适基准企业,保留1999年1月至2001年12月的时间窗口;最终确定事件研究期为2002年1月至2009年6月。

本文采取以下几点准则甄选IPO样本。第一,样本证券须有伦敦证券交易所挂牌证券识别码(Stock Exchange Daily Official List,SEDOL)。样本数据包括多个市场,故以SEDOL作为统一证券识别标志。第二,样本证券为首次公开发行的普通股,不含优先股、可转债、全球存托凭证(Global Depository Receipt)等,亦不包括私募发行。第三,样本证券非跨境上市股票。样本中多数跨境上市企业的注册地为百慕大或开曼群岛,运营地、注册地与上市地三地分离,不易度量其合理业绩水平,因此排除。第四,排除行业分类为公用事业、其他(Miscellaneous)或缺失的企业。[2] 第五,排除融资额不足100万美元的小额发行。

---

[1] 譬如,Fama(1998)认为新股发行之谜的原因在于测量方法偏差。
[2] 行业分类采用Factset分类法,包含20个行业,分别为Commercial Services、Communications、Consumer Durables、Consumer Non-Durables、Consumer Services、Distribution Services、Electronic Technology、Energy Minerals、Finance、Health Services、Health Technology、Industrial Services、Miscellaneous、Non-Energy Minerals、Process Industries、Producer Manufacturing、Retail Trade、Technology Services、Transportation、Utilities。

样本期内原有3 679个IPO样本,根据上述准则筛选后,保留1 948个有效样本,参见表1。截至2012年6月,已上市企业约1.4万家,IPO企业占比约15%。表中中国内地、韩国与中国台湾地区的IPO活动非常活跃,有效样本在400次左右。中国香港地区、印尼与菲律宾的有效样本较少,不足50次。其中,中国香港地区的上市企业多为跨境上市,注册地为中国内地、百慕大与开曼群岛等,本地企业较少。

表1 各市场IPO概况

市场	总发行数	有效样本数	融资金额(百万美元)
中国内地	807	421	36 986.65
中国香港	454	14	7 693.68
印度	387	226	10 652.77
印度尼西亚	83	43	3 262.40
马来西亚	388	165	3 955.82
菲律宾	35	17	1 222.60
新加坡	257	147	2 927.83
韩国	594	395	11 934.65
中国台湾	463	396	3 872.48
泰国	211	124	3 535.37
总计	3 679	1 948	86 044.25

注:IPO事件研究期为2002年1月至2009年6月。

三、研究方法

本文采用事件时间法(Event-time Method)分析新股长期业绩:以IPO事件月为时间起点,构建伪面板数据结构;并为IPO企业设定合适的基准回报率,计算IPO企业相对于基准的异常回报率。此外,为了研究IPO业绩与承销商声誉的关系,还需设计合适的声誉度量指标,对承销商进行评估。本节介绍异常回报率的计算方法、基准回报率的设定,以及承销商声誉的度量指标。

(一)异常回报率的测算

本文采用累计异常回报率法(Cumulative Abnormal Return,CAR)、购买持有异常回报率法(Buy-and-hold Abnormal Return,BHAR)计算相对业绩,计算公式分别为:

$$\mathrm{CAR}_{iT} = \mathrm{CR}_{iT} - \mathrm{CR}_{\mathrm{bench},T} = \sum_{t=1}^{T} R_{it} - \sum_{t=1}^{T} R_{\mathrm{bench},t} \quad (1)$$

$$\mathrm{BHAR}_{iT} = \mathrm{BHR}_{iT} - \mathrm{BHR}_{\mathrm{bench},T} = \prod_{t=1}^{T}(1+R_{it}) - \prod_{t=1}^{T}(1+R_{\mathrm{bench},t}) \quad (2)$$

式中，R_{it}为样本企业i在发行后第t个月的回报率，$R_{\mathrm{bench},t}$为同期基准回报。CR_{iT}为持有股票i至第T个月末的累计回报率（Cumulative Return，CR），$\mathrm{CR}_{\mathrm{bench},T}$为同期基准的累计回报率。$\mathrm{BHR}_{iT}$为购买持有回报率（Buy-and-hold Return），含义是在发行月末购入企业i的股票，并持至第T个月末的回报率，$\mathrm{BHR}_{\mathrm{bench},T}$为同期基准回报率。少数企业未满考察期即退市，为了避免生存期偏差（Survival Bias），约定退市后股价固定，回报为零。由于IPO企业上市后短期内涨跌幅度较大，因此计算长期业绩时剔除IPO事件月数据。

累计异常回报率法与购买持有异常回报率法各有优劣。累计异常回报基于单利，计算长期回报存在一定偏差。但Fama（1998）指出，基于复利的购买持有异常回报呈偏态分布，会显著放大个别异常数据的效应，反以累计异常回报偏差为小。因此下文同时采用两种方法进行计算，并在计算购买持有异常回报时以分位数代替均值，以控制异常数据的影响。

（二）基准回报率的设定

基准回报率的设定直接影响异常回报率的计算结果，但现有文献对如何设定基准回报率存在一定分歧。为稳健起见，本文采用规模匹配法、行业—规模匹配法、等权重市场指数、等权重行业指数、市值加权市场指数和市值加权行业指数构建基准回报率。

规模匹配基准的构造过程如下。在某企业IPO事件月月末，将同一市场所有上市时间在3年以上的企业依据市值排序，以市值最接近且略高于IPO企业的企业作为匹配企业，比较其长期业绩。因已上市企业再融资后业绩可能下滑（Spiess and Affleck-Graves，1995），因此约定再融资未满3年的企业不可作为匹配企业。如果IPO企业的规模大到不存在市值高于它的匹配企业，则以市值最接近但略低的企业作为匹配企业。如果IPO企业提前退市，则匹配在退市时自然终止。有少量匹配企业在匹配期内退市或再发行，不适合继续作为基准，此时重新为IPO企业进行二次匹配。极少数企业需匹配3次或以上（少于总数的0.5%），为了简便起见，约定此时IPO企业与匹配企业同时退市。上述匹配过程的优势在于仅考虑匹配企业过去的市场活动，因此可避免生存偏差或前向选择偏差(Forward Looking Bias)。

行业—规模匹配的构造过程相似,但将匹配企业的挑选范围限制在同一市场的相同行业。个别市场的小行业可能无合适匹配企业,导致匹配失败。此时约定以IPO企业自身作为匹配,因此后续异常回报为零,不影响整体计算。

等权重市场指数的计算方法是以某一市场所有样本企业某月的平均回报作为当月的基准回报率。等权重行业指数以某一市场的某一行业作为一类,以该行业的平均回报作为基准回报率。加权市场指数与行业指数的计算方法与等权法相似,但依据企业市值计算加权平均。为了平滑市值波动的影响,本文以企业一年中市值的中位数作为权重,每年重新计算权重。

(三) 承销商声誉的度量

对于承销商声誉的度量,目前有三种间接度量方法在学界较为通用,分别是C-M法(Carter and Manaster,1990)、J-M法(Johnson and Miller,1988)和M-W法(Megginson and Weiss,1991)。其中,C-M法通过比较投资银行在IPO企业发行的"墓碑公告"(Tombstone Announcement)排名对投行排序;J-M法与C-M方法相近,但将声誉划分为四个等级;M-W法用承销商市场份额作为声誉的代理变量。由于各国证券发行传统的差异,C-M与J-M方法不太适用于国际市场,实证研究中M-W方法应用较多。[1]

考虑到数据的合用性,本文基于M-W法,采用市场份额指标度量声誉,具体采用两种度量方法。一是承销业务量,以1999年至2011年间承销业务的总金额度量声誉;二是IPO业务量,仅计算承销商IPO业务的承销金额。计算发现,两种声誉指标的相关系数为0.86。因研究对象包含多个亚洲新兴市场,需考虑声誉的区域性,即某一市场的承销商声誉在其他市场的溢出效应。对此,本文考虑了各市场分别计算和统一计算声誉两种方式。实证发现,亚洲承销市场存在显著市场分割,承销商业务通常集中于个别市场。因此本文认为,目前亚洲承销市场仍属于区域性的分散化市场,最终选取各市场分别计算的方式。

样本期内10个市场共有771位承销商,表2列出了其中部分声誉较高的承销商名单。

---

[1] 徐浩萍和罗炜(2007)发现M-W指标与上市企业会计业绩"变脸率"正相关。

表 2 亚洲新兴市场承销商业务量

市场	名次	承销商	承销量(百万美元)	市场份额(%)	市场	名次	承销商	承销量(百万美元)	市场份额(%)
中国内地	1	China International Capital	59 499.30	13.28	菲律宾	1	BDO Capital Investment	1 782.99	23.07
	2	CITIC Securities	45 297.88	10.11		2	UBS Investment Bank	1 255.20	16.24
	3	Guosen Securities	29 873.67	6.67		3	UBS East Asia	1 100.92	14.24
中国香港	1	Kingston Securities	6 369.24	6.39	新加坡	1	Development Bank of Singapore	6 786.26	17.26
	2	Credit Suisse	3 898.28	3.91		2	Credit Suisse	3 830.91	9.74
	3	Goldman Sachs (Hong Kong)	3 076.63	3.09		3	DBS Securities Singapore	2 132.75	5.42
印度	1	DSP Merrill Lynch	8 332.46	21.91	韩国	1	Daewoo Securities	13 021.69	13.91
	2	ICICI Securities & Finance	3 595.54	9.45		2	Woori Investment & Securities	7 673.75	8.20
	3	ENAM Financial Consultants	2 874.11	7.56		3	LG Investment & Securities	5 398.52	5.77
印度尼西亚	1	Danatama Makmur	4 526.87	20.84	中国台湾	1	KGI Securities (Taiwan)	4 455.79	11.79
	2	Bahana Securities	1 545.95	7.12		2	Grand Cathay Securities	3 687.78	9.76
	3	Sinar Mas Sekuritas	1 454.24	6.69		3	Yuanta Securities	3 515.05	9.30
马来西亚	1	Commerce International Merchant Bank	6 105.21	17.12	泰国	1	Finansa Securities	1 703.74	9.38
	2	CIMB Securities	5 127.48	14.38		2	TISCO Securities	1 429.00	7.87
	3	RHB Investment Bank	3 535.61	9.91		3	Merrill Lynch Phatra Securities	1 298.37	7.15

注:(1) 承销量基于1999年至2011年间所有承销业务的总金额计算,包括IPO,再融资和可转债等证券。(2) 对多位主承销商联合承销的情况,以第一主承销商为准。(3) 中国内地市场前三位的中文名称为中国国际金融有限公司,中信证券股份有限公司与国信证券股份有限公司。(4) 限于篇幅,省略承销商声誉排名的完整列表,来函备索。

由表 2 可见,亚洲承销市场存在较明显的市场分割,以本土承销商的市场活动比较活跃。其次,Goldman Sachs 和 Merrill Lynch 在中国香港地区、印度和泰国市场的业务活动比较活跃,表明欧美的知名投行在亚洲市场也具有一定影响。

鉴于承销商市场份额与其受关注程度、市场影响力可能存在非线性关系,排名居前的承销商,其影响力或许远高于其他承销商。因此,本文依据承销市场份额将承销商分为两组,各市场承销业务名次在前10%的承销商记为明星承销商,其他记为非明星承销商。表3统计了各市场的IPO次数。其中由明星组承销的IPO有627起,由非明星组承销的有1 227起。

表 3 各声誉组承销 IPO 次数统计

市场	中国内地	中国香港	印度	印度尼西亚	马来西亚	菲律宾	新加坡	韩国	中国台湾	泰国	总计
非明星	226	10	148	32	124	13	132	244	212	86	1 227
明星	195	4	76	9	41	4	14	130	133	21	627
总计	421	14	224	41	165	17	146	374	345	107	1 854

注:因个别样本缺失承销商信息,总次数略少于表1。

四、亚洲市场的新股长期业绩

(一)新股的累计异常回报

图 1 列出了亚洲 IPO 企业上市后 3 年的平均累计回报率与平均累计异常回报率。从中可见,样本期内 IPO 企业上市首年的平均累计回报率略低于零,10 个月之后由负转正,此后回报率逐渐上升,至第三年年末累计回报率接近 40%。整体而言,其收益优于投资固定收益证券。

虽然投资 IPO 企业的名义回报率为正,但经基准回报率调整后的累计异常回报率显著低于零,3 年累计异常回报率在 -8% 至 -20% 间。其中,与规模匹配组相较的 3 年累计异常回报率为 -11.40%,在 1% 水平上显著;与行业—规模匹配组相较的 3 年累计异常回报率为 -11.60%,在 1% 水平上显著。这表明与投资 IPO 企业相比,投资上市较久的匹配企业可获得更高回报。此外,与两个匹配组相比,IPO 企业的 1 年累计异常回报率分别为 -5.92% 与 -4.75%,2 年为 -8.60% 与 -7.69%,1—2 年回报率均显著低于匹配组。以上实证结果初

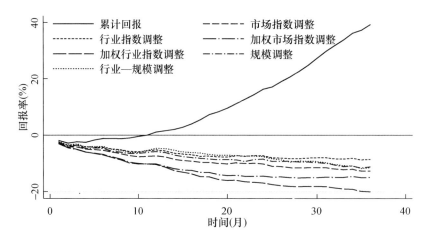

图 1 亚洲市场 IPO 企业长期业绩

步表明,虽然样本期内投资 IPO 企业的名义回报率大于零,但投资非 IPO 企业的回报率更高,亚洲市场整体上存在 IPO 长期弱势。

(二) 新股的购买持有异常回报

累计回报率的优势在于对异常数据比较稳健,不足是忽视了复利因素。为了考虑复利因素,下文计算投资 IPO 企业的购买持有异常回报率。由于比较平均业绩可能会掩盖企业间的个体差异,为了比较全面地了解 IPO 企业的收益分布,比较其业绩分位数,参见表 4。从中可见,IPO 企业的 1 年 BHR 中位数为 −14%,比匹配组低约 8%—10%;2 年 BHR 中位数为 −13%,比匹配组低 13%;3 年 BHR 中位数为 −3%,比匹配组低约 17%;BHAR 中位数亦小于零。经 Wilcoxon 符号检验,IPO 企业各年度 BHR 中位数均在 0.01 水平上显著低于匹配组。整体而言,IPO 企业的 3 年购买持有收益中值约低 13%—18%,说明投资 IPO 企业的"平均"回报率低于投资非 IPO 企业,这与前文一致。

在其他分位组中,IPO 企业 BHR 的 75%(25%)分位数均明显低于匹配组,说明 IPO 企业中业绩最好(最差)的 25%,其业绩明显低于匹配组的相应企业。对于 90% 与 10% 分位组,IPO 企业的 3 年 BHR 依然低于匹配组,但差距有所缩小。对于 95% 和 5% 分位组,则没有明显的差异。以上实证结果表明,不仅平均而言 IPO 企业存在业绩弱势,业绩位于 10%—90% 分位数之间、占多数地位的 IPO 企业,其长期业绩也低于匹配组的相应企业。亚洲市场的 IPO 长期弱势不仅是平均意义上的,而是整体水平上业绩不佳。

表 4　IPO 企业的购买持有回报

时间	分位数(%)	BHR(IPO 企业)	规模匹配		行业—规模匹配	
			BHR	BHAR	BHR	BHAR
1 年	5	-67.79	-62.83	-129.41	-66.33	-133.50
	10	-59.44	-52.61	-87.60	-55.54	-84.49
	25	-42.14	-31.81	-40.77	-33.99	-37.71
	50	-14.46	-4.67	-6.85	-6.33	-6.59
	75	26.53	28.52	27.73	28.00	28.01
	90	92.27	90.58	77.28	97.40	77.73
	95	156.76	137.80	130.34	159.70	128.13
3 年	5	-78.80	-72.28	-252.46	-73.40	-247.45
	10	-68.65	-59.00	-168.55	-62.72	-170.68
	25	-45.20	-27.73	-79.57	-32.78	-79.36
	50	-3.36	15.37	-16.34	14.69	-13.11
	75	66.11	85.60	47.82	88.38	45.90
	90	183.44	186.80	149.42	197.85	142.71
	95	291.36	284.73	250.07	284.81	232.00

注：BHR 为购买持有回报率（Buy-and-hold Return），BHAR 为购买持有异常回报率（Buy-and-hold Abnormal Return）。

五、承销商声誉与新股长期业绩

前文发现亚洲新兴市场整体上存在新股长期弱势，但承销商声誉是否会影响这一趋势？下文将对此进行分析：首先，对不同声誉组的长期业绩进行基本分析，比较其累计异常回报率、购买持有异常回报率与发行后市场业绩的演化过程。其次，对可能影响声誉机制效果的协同因素进行分析，包括发行市场、发行时机与规模差异。最后，采用计量方法分析声誉的边际影响。

（一）长期业绩基本分析

1. 声誉与累计异常回报

为了分析承销商声誉与长期业绩的关系，下文计算不同声誉组的 3 年累计回报率，参见表 5。从中可见，明星组的累计回报均值约为 45%，比非明星组高 9%，累计回报中位数的差异则接近 15%。整体上，明星承销商的平均长期业绩显著高于非明星组。为了控制各组发行时间的分布差异，可进一步比较累计异常回报率。与各基准回报率相较，明星承销商的平均累计异常回报率约在

表5 各声誉组3年累计异常回报率(%)

声誉	IPO次数	统计指标	CR	等权基准 CAR		市值加权基准 CAR		匹配基准 CAR	
				市场指数	行业指数	市场指数	行业指数	规模匹配	行业—规模匹配
明星组	627	均值	45.14	-7.12	-4.07	-4.26	-10.46	-5.94	-1.35
		标准差	86.95	77.99	76.24	81.76	77.84	102.41	96.21
		中位数	45.17	-9.18	-6.47	-5.97	-12.48	-10.45	-4.25
非明星组	1227	均值	36.24	-15.28	-10.77	-19.50	-24.39	-14.12	-17.11
		标准差	90.72	84.26	80.62	87.05	84.36	105.20	104.97
		中位数	30.21	-20.40	-15.69	-22.60	-27.34	-16.60	-17.28
t检验			-2.03**	-2.02**	-1.72*	-3.64***	-3.45***	-1.60	-3.15***
Kruskal-Wallis 检验			5.56**	6.03**	4.13**	16.88***	12.91***	2.42	8.37***

注:(1) *、**和***分别表示在10%、5%和1%水平上显著。(2) CR为累计回报率(Cumulative Return),CAR为平均累计异常回报率(Cumulative Abnormal Return)。

−1%至−7%之间,非明星组则在−10%至−17%之间;明星组的累计异常回报中位数约在−4%至−10%之间,非明星组则在−15%至−20%间。与各基准组相较,t 检验与非参数 Kruskal-Wallis 检验的结果整体显著,但规模匹配组略有不同。以上实证结果表明:整体上,明星承销商与非明星承销商承销的 IPO 企业均存在长期弱势,但明星承销商的弱势程度较小,承销商声誉与 IPO 企业长期业绩存在显著的正向关系。

2. 声誉与购买持有异常回报

为了进一步分析不同声誉组内部的业绩分布,表 6 列出了各声誉组的 3 年购买持有异常回报分位数。表中明星承销商的购买持有回报中位数为 4.22%,非明星组为 −7.62%,相差近 11%,表明平均而言明星组的长期业绩较优。此外,明星组购买持有回报的 25% 与 75% 分位数均高于非明星组,表明对于业绩居中的 50% 企业,明星组的业绩优于非明星组。

表 6 各声誉组的 3 年购买持有回报(%)

分位数(%)	明星组					非明星组				
	IPO 企业	规模匹配		行业—规模匹配		IPO 企业	规模匹配		行业—规模匹配	
	BHR	BHR	分位差	BHR	分位差	BHR	BHR	分位差	BHR	分位差
5	−72.04	−73.93	1.89	−74.75	2.71	−80.05	−72.24	−7.81	−71.80	−8.25
10	−63.14	−60.25	−2.89	−63.42	0.28	−72.45	−57.65	−14.80	−61.03	−11.42
25	−37.97	−27.08	−10.89	−34.24	−3.73	−47.53	−27.61	−19.92	−31.35	−16.18
50	4.22	18.34	−14.12	13.90	−9.68	−7.62	14.38	−22.00	16.84	−24.46
75	67.85	85.88	−18.03	81.46	−13.61	63.65	86.40	−22.75	97.18	−33.53
90	182.04	191.05	−9.01	175.56	6.48	185.39	190.68	−5.29	214.61	−29.22
95	286.87	278.63	8.24	251.73	35.14	291.94	293.44	−1.50	301.32	−9.38

注:(1) 分位差 = IPO 企业 BHR 分位数—基准回报率 BHR 分位数。(2) BHR 为购买持有回报率(Buy-and-hold Return),BHAR 为购买持有异常回报率(Buy-and-hold Abnormal Return)。

购买持有回报的差异可能包含市场择时因素,即非明星组或许更倾向于在市场过热时发行,导致长期业绩不佳。为了控制市场择时因素,可进一步比较购买持有异常回报。表 6 显示,各声誉组的购买持有异常回报均小于零。其中,明星组与匹配企业的中位数差值为 −9% 至 −14%,非明星组则为 −22% 至 −24%,表明非明星组的平均业绩弱势程度更深。对于业绩较优的四分之一企业,明星组业绩 75% 分位差为 −13% 至 −18%,非明星组则为 −22% 至 −33%,明星组较优。明星组业绩的 25% 分位差为 −3% 至 −10%,亦高于非明星组。对于其他分位组,除90%分位数外,明星组的分位差均高于非明星组。

以上实证结果表明,明星组与非明星组的平均长期业绩均弱于非IPO企业,但明星组的弱势程度低于非明星组。此外,明星组的业绩分布整体上也优于非明星组。这表明承销商声誉可以比较有效地传递IPO企业质量的有效信号。

3. 声誉与业绩演化过程

前文表明,明星组与非明星组均存在一定程度的业绩弱势,但明星组的弱势程度较轻。那么,IPO企业的业绩何时开始走弱,又会持续多久?承销商声誉在其中的影响又如何?为了分析这一问题,本文分别计算发行后不同时期的业绩演化过程,参见表7。从中可见,与各基准回报率相比较,明星承销商承销的IPO企业第1年的累计异常回报率约为-8%,显著低于零。在发行后的第2年和第3年,明星组的累计异常回报率略高于零,但不显著。这表明明星组IPO企业上市首年略有弱势,之后恢复正常。对于由非明星组承销的企业,上市后3年内的业绩均显著低于零。

以上实证结果表明,明星组承销的IPO仅在上市首年存在短期弱势,其成因可能是新股短期走高后的自然回落,之后与非IPO企业无显著差异;非明星组承销的IPO则在3年中持续弱势。这进一步表明良好的承销商声誉可以在一定程度上抵消新股长期弱势趋势。此外,上述业绩演化过程也表明,市场投资者在短期内并未充分意识到声誉蕴涵的信息,但在长期中逐渐认识到IPO新股的内在真实价值。

(二) 协同因素分析

其他证券发行因素,如发行市场、发行时机等可能影响声誉机制的效果。为了进一步分析承销商声誉机制与这些因素的协同影响,下文对不同发行市场、发行时机与发行规模下明星承销商与非明星承销商的长期业绩进行分析。

1. 发行市场

本文分别计算了各市场中明星承销商与非明星组的3年累计异常回报率,参见表8。表中单独列出中国内地、印度、韩国与中国台湾地区市场的数据,其他6个市场中的发行数较少,因此合并计算。

表 7 发行后各时期的累计异常回报率(%)

声誉	时间(月)	CR	等权基准 CAR		市值加权基准 CAR		匹配基准 CAR	
			市场指数	行业指数	市场指数	行业指数	规模匹配	行业—规模匹配
明星组	1—12	0.88	−7.56***	−6.00***	−7.87***	−8.89***	−8.24***	−3.51
		(0.35)	(−3.96)	(−3.22)	(−4.09)	(−4.62)	(−3.15)	(−1.46)
	13—24	21.22***	0.06	0.01	0.96	−2.62	1.74	0.32
		(8.60)	(0.03)	(0.00)	(0.51)	(−1.42)	(0.71)	(0.13)
	25—36	23.04***	0.37	1.92	2.66	1.05	0.56	1.85
		(9.80)	(0.21)	(1.13)	(1.41)	(0.60)	(0.25)	(0.82)
非明星组	1—12	0.95	−7.22***	−4.87***	−11.36***	−11.06***	−4.76**	−5.09***
		(0.52)	(−4.59)	(−3.23)	(−7.22)	(−7.08)	(−2.49)	(−2.61)
	13—24	13.18***	−4.34***	−3.38**	−6.26***	−8.46***	−4.67**	−5.38***
		(7.51)	(−3.10)	(−2.52)	(−4.29)	(−5.95)	(−2.55)	(−3.13)
	25—36	22.10***	−3.71***	−2.52**	−1.88	−4.87***	−4.69***	−6.63***
		(12.55)	(−2.81)	(−1.97)	(−1.34)	(−3.51)	(−2.75)	(−3.80)

注:(1) 星号为匹配 t 检验,*、** 和 *** 分别表示在 10%、5% 和 1% 水平显著。(2) CR 为累计回报率(Cumulative Return),CAR 为平均累计异常回报率(Cumulative Abnormal Return)。

表8　各市场的3年累计异常回报率(%)

市场	明星组				非明星组			
	发行次数	CR	规模匹配CAR	行业—规模匹配CAR	发行次数	CR	规模匹配CAR	行业—规模匹配CAR
中国内地	195	71.61***	-0.59	1.97	226	72.60***	-3.55	-8.13
		(13.12)	(-0.11)	(0.36)		(13.20)	(-0.61)	(-1.51)
印度	76	58.35***	9.41	20.26	148	17.05**	-17.37*	-43.81***
		(4.76)	(0.67)	(1.57)		(2.20)	(-1.93)	(-4.45)
韩国	130	18.98**	-15.64	-14.97	244	26.72***	-34.60***	-33.74***
		(2.39)	(-1.43)	(-1.57)		(4.63)	(-4.99)	(-4.79)
中国台湾	133	37.99***	-7.52	-1.50	212	38.60***	-8.00	-7.88
		(5.43)	(-0.82)	(-0.18)		(6.63)	(-1.06)	(-1.07)
其他	93	25.63***	-13.88	-6.69	397	27.28***	-9.61*	-6.98
		(3.19)	(-1.46)	(-0.66)		(5.91)	(-1.79)	(-1.33)

注：(1) 星号为匹配 t 检验，*、** 和 *** 分别表示在10%、5%和1%水平显著。(2) CR 为累计回报率(Cumulative Return)，CAR 为平均累计异常回报率(Cumulative Abnormal Return)。

表中中国内地市场中不同声誉组的累计异常回报率相差较大，明星组的平均累计异常回报率约在 -1% 至 2% 之间，而非明星组则在 -3% 至 -8% 之间，表明明星组的平均业绩并无明显弱势，而非明星组的业绩则存在比较明显的弱势。印度市场中明星组的累计异常回报率大于零，但统计上不显著，而非明星组则显著小于零。说明印度市场中明星组业绩无明显下滑，非明星组则存在显著下滑。韩国市场中，明星组的累计异常回报率略小于零，但统计上不显著；非明星组的累计异常回报率则在1%水平上显著小于零，存在明显下滑。在中国台湾市场，明星组与非明星组的累计异常回报率均不显著地小于零，但非明星组的 t 统计量绝对值大于明星组，说明非明星组的业绩下滑程度略高。承销商的业绩均值与非明星组差异较小，但明星组的业绩中位数较优。在其他6个市场，非明星组的 t 检验也比明星组更为显著。

整体而言，在印度与韩国市场，明星承销商的累计异常回报率显著优于非明星组；对于其他市场，也以明星组较优，但统计上不是很显著。这表明，虽然不同市场的市场机制与监管制度存在较大差异，但整体上承销商声誉机制仍然有效地发挥作用。

2. 发行时机

热发市场问题(Hot Issue)是IPO研究中一个引起广泛注意的现象(Ritter

and Welch,2002)。它指的是新股发行在不同的时间段分布极不均匀,有时有大量的新股上市,有时又只有很少的新股上市(贾春新和刘力,2006)。考虑到热发市场可能对声誉机制的效果有一定影响,并且本文事件研究期含有美国高科技股票泡沫与次贷危机事件,因此有必要进一步分析声誉机制的时间特征。

本文分别计算了不同发行年度明星组与非明星组的相对业绩,参见表9。表中,2002年与2009年上半年的样本数较少,因此不做单独分析。在其他年度中,明星组的累计异常回报率基本上不显著异于零,表明不存在显著的长期弱势现象。对于非明星组,整体上2003年至2008年发行的IPO都存在比较显著的长期弱势。此外,不同声誉组的相对业绩波动程度存在较大差异,明星组在不同年度的发行长期相对业绩波动较小,而非明星组波动较大,这说明非明星承销商的长期弱势程度与发行时机存在一定关系,在一定程度上支持了机会窗口假说。

表9 各发行年度的3年累计异常回报率(%)

发行年度	明星组				非明星组			
	发行次数	CR	规模匹配CAR	行业—规模匹配CAR	发行次数	CR	规模匹配CAR	行业—规模匹配CAR
2002	45	5.02	-10.62	-4.58	144	21.88***	-17.98**	-2.60
		(0.37)	(-0.86)	(-0.33)		(3.33)	(-2.16)	(-0.33)
2003	56	24.15**	-6.08	8.49	187	24.01***	-13.95*	-20.80**
		(2.28)	(-0.44)	(0.61)		(3.58)	(-1.76)	(-2.58)
2004	97	75.63***	2.61	5.99	255	69.31***	-7.04	-9.97
		(7.88)	(0.25)	(0.67)		(11.51)	(-1.01)	(-1.47)
2005	77	39.66***	-11.43	16.19	154	5.78	-34.95***	-32.75***
		(3.33)	(-0.76)	(1.29)		(0.78)	(-3.72)	(-3.81)
2006	92	46.00***	-36.05***	-18.12	158	37.81***	-12.54	-33.52***
		(4.34)	(-3.11)	(-1.60)		(5.25)	(-1.61)	(-4.22)
2007	146	33.54***	-1.13	-8.95	180	28.31***	-12.29*	-16.97**
		(6.44)	(-0.15)	(-1.27)		(5.43)	(-1.75)	(-2.58)
2008	91	69.35***	14.08	2.71	119	43.51***	-8.09	-13.42
		(9.37)	(1.48)	(0.27)		(5.65)	(-0.87)	(-1.32)
2009(1—6月)	23	38.88**	-3.49	-9.28	30	66.96***	6.84	26.88
		(2.75)	(-0.18)	(-0.50)		(2.92)	(0.36)	(0.96)

注:(1)星号为匹配t检验,*、**和***分别表示在10%、5%和1%水平显著。(2) CR为累计回报率(Cumulative Return),CAR为平均累计异常回报率(Cumulative Abnormal Return)。

3. 发行规模

不同声誉组异常回报率差异的另一种可能解释是"蓝筹股效应",即明星组承销商可能更偏重蓝筹股,而非明星组可能更偏重小盘股,两者的异常回报率差异实际是由于股票类型不同导致。为了分析二者的差异是否由于 IPO 规模差异导致,本文将所有 IPO 企业依据发行规模等分为 5 组,分别计算不同规模组的长期回报率,参见表 10。

表 10 不同发行规模的 3 年累计异常回报率(%)

发行规模	明星组				非明星组			
	发行次数	CR	规模匹配 CAR	行业—规模匹配 CAR	发行次数	CR	规模匹配 CAR	行业—规模匹配 CAR
低	78	53.68***	-0.65	5.30	260	38.37***	-12.58**	-9.93
		(6.37)	(-0.05)	(0.42)		(7.11)	(-2.01)	(-1.58)
较低	78	21.29**	-19.62	-13.02	295	37.43***	-12.85**	-15.88**
		(2.03)	(-1.43)	(-1.06)		(7.10)	(-2.10)	(-2.37)
中等	119	27.26***	-4.69	-2.13	268	18.31***	-20.11***	-22.24***
		(3.40)	(-0.49)	(-0.23)		(3.24)	(-2.78)	(-3.37)
较高	167	59.52***	-7.22	1.11	260	38.45***	-18.34***	-29.91***
		(8.66)	(-0.95)	(0.16)		(6.89)	(-3.04)	(-4.84)
高	185	50.11***	-2.05	-0.93	144	59.31***	-0.74	0.05
		(8.09)	(-0.30)	(-0.15)		(7.86)	(-0.09)	(0.01)

注:(1) 星号为匹配 t 检验,*、**和***分别表示在 10%、5% 和 1% 水平显著。(2) CR 为累计回报率(Cumulative Return),CAR 为平均累计异常回报率(Cumulative Abnormal Return)。

由表 10 可见,明星组与非明星组的发行分布基本相当,明星组承销商承销的蓝筹股略多,但整体差异并不明显。对于明星承销商而言,整体上累计异常回报率略小于零,但并不显著。对于非明星承销商而言,规模最小的 20% 与规模最大的 20% 发行,其累计异常回报率与非 IPO 企业差异不显著,但规模居中三组的累计异常回报率则显著小于零。以上实证结果表明,对于非明星承销商,其承销的小盘股与超大盘股 IPO 相对业绩较好,而规模居中的 IPO 长期业绩则比较差。对于明星承销商而言,发行规模与长期相对业绩没有显著关系。整体而言,蓝筹股效应并不能解释声誉与长期业绩的正向关系。

（三）声誉的边际效应

下文采用回归方法进行分析，以进一步研究声誉的边际影响。通过引入控制变量，分析其他条件不变时提升声誉的影响。本文以 IPO 企业的 3 年累积异常回报率为被解释变量，以承销商声誉（Underwriter Reputation）为解释变量进行线性回归。为了正确刻画 IPO 长期业绩与承销商声誉的关系，本文参考国内外现有研究，选取以下因素作为控制变量。一是融资规模（Issue Size）。考虑到不同企业规模的巨大差异，对其取对数后作为解释变量。考虑到小企业效应，本文预期其系数小于零。二是风险（Risk），本文以 IPO 企业上市 3 年内月回报率的标准差作为风险指标，预期其系数大于零。[1] 为了控制不同市场的地区差异，本文也添加了市场虚拟变量（Market Dummy）。最终回归方程如下：

$$CAR = \alpha_0 + \alpha_1 Reputation + \alpha_3 \log(IssueSize) + \alpha_4 Risk + MarketDummy + \varepsilon \quad (3)$$

考虑到可能存在非线性关系，本文对上式进行 Ramsey RESET 检验，结果表明并无遗漏变量，因此未引入高次与交叉项。回归结果参见表 11。其中声誉采取承销市场份额与 IPO 市场份额方法，异常回报率采取规模匹配、行业—规模匹配等 4 种方法，共 8 个回归模型。回归分析进一步证实了声誉与长期业绩的正向关系。各回归方程中声誉变量的系数均大于零，且在 10% 以上水平显著，表明声誉与长期异常回报率存在正向关系。融资金额的系数小于零，说明存在小企业效应，符合本文预期。其中，相对于指数基准的系数显著小于零，但相对于匹配基准的系数不显著，表明匹配异常回报率计算的相对业绩已在一定程度上控制小企业效应。多数回归方程中风险变量的系数大于零，亦与本文预期一致。以上实证结果表明，控制发行规模、企业风险等影响因素后，声誉与长期业绩依然存在显著正向关系。

---

[1] 本文亦以四分位间距作为风险指标，其结论相近。

表 11 承销商声誉与发行企业 3 年累计异常回报率的回归结果

回归模型		模型 1	模型 2	模型 3	模型 4	模型 5	模型 6	模型 7	模型 8
被解释变量		等权市场指数 CAR	等权市场指数 CAR	等权行业指数 CAR	等权行业指数 CAR	规模匹配 CAR	规模匹配 CAR	行业—规模匹配 CAR	行业—规模匹配 CAR
解释变量	Reputation (Total)	0.943* (1.93)		0.950** (2.02)		1.046* (1.67)		1.798*** (2.94)	
	Reputation (IPO)		1.477*** (3.26)		1.476*** (3.39)		0.964* (1.66)		2.268*** (4.00)
	log(IssueSize)	−4.548** (−2.40)	−5.220*** (−2.76)	−4.762*** (−2.61)	−5.426*** (−2.98)	−1.630 (−0.67)	−1.641 (−0.68)	−2.963 (−1.25)	−3.647 (−1.54)
	Risk	0.517 (0.96)	0.616 (1.14)	0.839 (1.61)	0.937* (1.80)	−0.330 (−0.48)	−0.291 (−0.42)	0.397 (0.59)	0.528 (0.78)
	Intercept	−11.90 (−1.12)	−14.58 (−1.37)	−12.37 (−1.21)	−15.03 (−1.47)	−5.485 (−0.41)	−6.500 (−0.48)	−16.32 (−1.23)	−19.83 (−1.49)
	MarketDummy	略	略	略	略	略	略	略	略
Adjusted R^2		0.021	0.024	0.022	0.026	0.007	0.007	0.011	0.015

注:(1) 括号内为 t 统计量。(2) *、** 和 *** 分别表示在 10%、5% 和 1% 水平上显著(双侧检验)。(3) Reputation(Total) 指承销商声誉,Reputation(IPO) 指以 IPO 业务量测算承销商声誉,以下以承销业务量测算承销商声誉。

此外,本文对非明星组企业和明星组企业分别进行回归。实证结果发现,非明星组声誉系数显著大于零,明星组则不显著。这表明声誉对长期业绩的影响存在阈值效应,对于声誉较低的承销商,声誉与长期业绩存在正向关系;但对于声誉较高的明星承销商,声誉与长期业绩则无显著关系。

六、小　　结

本文实证分析了10个亚洲新兴市场国家与地区IPO企业的长期业绩,以及承销商声誉的影响。实证结果发现,亚洲新兴市场普遍存在新股长期弱势。与行业相同、规模相近的非IPO企业相比,IPO企业的3年平均累积异常回报率约为-11%,购买持有异常回报率中位数约为-13%。

本文发现,承销商声誉与IPO长期业绩存在显著正向关系。由声誉最佳的10%承销商,即明星承销商承销的IPO企业,其长期业绩明显优于普通承销商承销的IPO,但与非新股相比仍有下滑。此外,由明星承销商承销的IPO仅在上市首年出现业绩下滑,之后即恢复正常;由非明星承销商承销的IPO其业绩下滑则会长期持续。对各市场的分别研究发现,印度与韩国市场中明星承销商的累计异常回报率显著优于非明星组,其他市场则略优。此外,蓝筹股效应并不能解释声誉与长期业绩的关系。对于明星组,融资规模对长期相对业绩无显著影响,对非明星组则存在一定影响。发行时机对明星组的业绩影响较小,但会显著影响非明星组的长期弱势程度,说明声誉对市场择时具有一定抑制作用。

上述实证结果表明,虽然各亚洲市场的市场环境存在差异,但整体上承销商声誉仍然能够比较有效地传递IPO企业质量信号。这同时说明,市场投资者的投资决策并未在短期内对承销商声誉做出适当反应,而是长期中随着IPO企业内部信息的进一步披露进行调整。因此,监管机构应考虑进一步完善承销商声誉机制,加强对承销商失信行为的披露与惩处。在这方面,中国证监会已进行一些有益尝试,譬如在2011年推出保荐信用监管系统,2012年发布《证券期货市场诚信监督管理暂行办法》。但是2004年至2013年间,证监会累计出具102张罚单[1],年均仅10次,整体规模仍然偏少。

---

［1］　数据来源于证监会保荐信用监管系统。

参 考 文 献

[1] 杜俊涛、周孝华、杨秀苔,2003,中国证券市场 IPO 长期表现的实证研究,《中国软科学》,第 11 期,第 46—51 页。

[2] 郭泓、赵震宇,2006,承销商声誉对 IPO 公司定价,初始和长期回报影响实证研究,《管理世界》,第 3 期,第 122—128 页。

[3] 贾春新、刘力,2006,首次公开发行:从理论到实证,《管理世界》,第 7 期,第 159—169 页。

[4] 廖理、张伟强,2004,逐渐规范市场上的 A 股新股长期强势表现研究,《管理世界》,第 7 期,第 120—126 页。

[5] 邹高峰、张维、常中阳,2012,询价制度下中国 IPO 长期表现,《管理科学学报》,第 11 期,第 66—75 页。

[6] 王美今、张松,2000,中国新股弱势问题研究,《经济研究》,第 9 期,第 49—56 页。

[7] 徐浩萍、罗炜,2007,投资银行声誉机制有效性——执业质量与市场份额双重视角的研究,《经济研究》,第 2 期,第 124—136 页。

[8] Cai, J. and K. Wei, 1997, The investment and operating performance of Japanese initial public offerings, *Pacific-Basin Finance Journal*, 4:389—417.

[9] Carter, R. and S. Manaster, 1990, Initial public offerings and underwriter reputation, *The Journal of Finance*, 4:1045—1067.

[10] Carter, R. B., F. H. Dark and A. K. Singh, 1998, Underwriter reputation, initial returns, and the long-run performance of IPO stocks, *The Journal of Finance*, 1:285—311.

[11] Chen, C., H. Shi and H. Xu, 2013, Underwriter reputation, issuer ownership, and pre-IPO earnings management: Evidence from China, *Financial Management*, 3:647—677.

[12] Fama, E. F., 1998, Market efficiency, long-term returns, and behavioral finance, *Journal of Financial Economics*, 3:283—306.

[13] Fan, J. P. H., T. J. Wong and T. Zhang, 2007, Politically connected CEOs, corporate governance, and post-IPO performance of China's newly partially privatized firms, *Journal of Financial Economics*, 2:330—357.

[14] Johnson, J. M. and R. E. Miller, 1988, Investment banker prestige and the underpricing of initial public offerings, *Financial Management*, 1:19—29.

[15] Kooli, M. and J.-M. Suret, 2004, The aftermarket performance of initial public offerings in Canada, *Journal of Multinational Financial Management*, 1:47—66.

[16] Lee, G. and R. W. Masulis, 2011, Do more reputable financial institutions reduce earnings management by IPO issuers? *Journal of Corporate Finance*, 4:982—1000.

[17] Levis, M., 1995, Seasoned equity offerings and the short-and long-run performance of initial public offerings in the UK, *European Financial Management*, 2:125—146.

[18] Lewellen, K., 2006, Risk, reputation, and IPO price support, *The Journal of Finance*, 2:613—653.

[19] Loughran, T. I. M. and J. R. Ritter, 1995, The new issues puzzle, *The Journal of Finance*, 1:23—51.

[20] Megginson, W. L. and K. A. Weiss, 1991, Venture capitalist certification in initial public offerings, *The Journal of Finance*, 3:879—903.

[21] Ritter, J. R., 1991, The long-run performance of initial public offerings, *The Journal of Finance*, 1:3—27.

[22] Ritter, J. R. and I. Welch, 2002, A review of IPO activity, pricing, and allocations, *The Journal of Finance*, 4:1795—1828.

[23] Spiess, D. K. and J. Affleck-Graves, 1995, Underperformance in long-run stock returns following seasoned equity offerings, *Journal of Financial Economics*, 3:243—267.

[24] Stehle, R., O. Ehrhardt and R. Przyborowsky, 2000, Long-run stock performance of german initial public offerings and seasoned equity issues, *European Financial Management*, 2:173—196.

Initial Public Offering, Underwriter Reputation and Long-run Performance: Evidence from Asian Emerging Markets

Jian Ma

(*School of Economics and Statistics, Guangzhou University*)

Jieyu Li

(*Lingnan College, Sun Yat-sen University*)

Meijin Wang

(*Lingnan College, Sun Yat-sen University*)

Abstract This article investigates the relationship between underwriter reputation and long-run performance of initial public offerings (IPOs) in Asian emerging markets. The empirical results indicate there is significant underperformance in Asian market. Both three year cumulative abnormal return and buy-and-hold abnormal return are negative, compared with matching group, market benchmark or industry benchmark. There is a positive correlation between underwriter reputation and long-run performance: offerings of "Star Underwriter" have better performance than non-star group. Moreover, underwriter reputation can also suppress market timing activities. The abnormal returns of non-star group are correlated with issue time, but not for star group. The different performance between two groups still remains after elimination influence of issue size.

Key Words Underwriter Reputation, IPO, Underperformance, Asian Emerging Market

JEL Classification C10, G24, G30

2015 年度《金融学季刊》征订

　　《金融学季刊》是由中国金融学年会主办、中山大学岭南学院承办、北京大学出版社出版的专业学术刊物，主要刊登有关资产定价、公司财务与治理、金融市场与金融机构、金融工程、货币银行、国际金融等领域的高水平学术性论文。

　　《金融学季刊》将秉承学术中立、公正的原则，以弘扬金融学术研究为最高宗旨，坚持严谨、深入、细致、求实的学术风范。《金融学季刊》按照国际规范学术期刊的管理和编辑工作方式运作，实行严格的双匿名审稿制。《金融学季刊》的创刊目标是成为代表金融学研究最高水平的权威刊物，成为中国金融理论与实践研究和教学所必备的文献资源。

　　我们诚挚邀请海内外学者共襄盛举，踊跃投稿和订阅，为中国金融学的发展共同努力。

　　（为了保证创刊初期本刊的学术质量，《金融学季刊》拟于 2015 年度只出版 3 期，敬请广大读者谅解和支持。）

征 订 回 执

（请于 2015 年 5 月 31 日前将完整的"征订回执"回传至"北大书店"。）

书　名	订阅年度	订　数	汇款金额
《金融学季刊》 每期订价： 45.00 元/册（含邮费）	□ 2015 年共 3 期 □ 2016 年共 4 期	共计　　　　期 每期　　　　册 总计　　　　册	＿＿＿＿＿元 （总册数 * 45 元/册）
征订单位名称 （发票抬头）			
收书信息 （姓名/地址/ 邮编/电话）			
联系人		电话/手机 E-mail	
汇款单位（人）		电话/手机 E-mail	

订购单位（盖章）

☆电汇信息：
　　户名：北京大学出版社有限公司
　　开户银行：工行海淀西区支行（102100000458）
　　账号：0200 0045 0906 6138 007
　　税号：1101 08H 5262 8530

"汇款单"填写说明：请您务必在备注栏注明"北大书店《金融学季刊》书款"及您的联系电话。

☆购书流程：
　　1. 回复征订单：请您将此"征订回执"填写完整，传真或 E-mail 给我们，并确认是否收悉；
　　2. 汇款：汇款后，请务必将"汇款回执单"传真或 E-mail 给我们，以便核对汇款到账情况。
　　★注：当汇款单位（人）与征订单位（人）不符时，请务必电话联系确认，以免耽误发书。

感谢您的支持与惠顾！

北京大学出版社有限公司·邮购部（北大书店）：
电话：010-6275 7515，6275 2015/传真：010-6275 3573/E-mail：pupbookstore@gmail.com/QQ：736858469
联系人：付静，曹小花/手机：1581 083 2067/邮政地址：北京市北京大学 871-150 信箱，100871，迟频 收

图书在版编目(CIP)数据

金融学季刊.第8卷.第2期/徐信忠,刘力,朱武祥主编.—北京:北京大学出版社,2014.12
ISBN 978-7-301-25099-0

Ⅰ.①金… Ⅱ.①徐… ②刘… ③朱… Ⅲ.①金融学-丛刊 Ⅳ.①F830-55

中国版本图书馆CIP数据核字(2014)第272096号

书　　名	金融学季刊(第8卷　第2期)
著作责任者	徐信忠　刘　力　朱武祥　主编
责任编辑	张　燕
标准书号	ISBN 978-7-301-25099-0
出版发行	北京大学出版社
地　　址	北京市海淀区成府路205号　100871
网　　址	http://www.pup.cn
电子信箱	em@pup.cn　　QQ:552063295
新浪微博	@北京大学出版社　@北京大学出版社经管图书
电　　话	邮购部 62752015　发行部 62750672　编辑部 62752926
印刷者	北京大学印刷厂
经销者	新华书店
	787毫米×1092毫米　16开本　10.5印张　173千字
	2014年12月第1版　2014年12月第1次印刷
定　　价	30.00元
	International Price: US $25.00

未经许可,不得以任何方式复制或抄袭本书之部分或全部内容。
版权所有,侵权必究
举报电话: 010-62752024　电子信箱: fd@pup.pku.edu.cn
图书如有印装质量问题,请与出版部联系,电话: 010-62756370